# 1 MONTH OF FREE READING

at

www.ForgottenBooks.com

By purchasing this book you are eligible for one month membership to ForgottenBooks.com, giving you unlimited access to our entire collection of over 1,000,000 titles via our web site and mobile apps.

To claim your free month visit: www.forgottenbooks.com/free1340103

\* Offer is valid for 45 days from date of purchase. Terms and conditions apply.

ISBN 978-0-365-08919-3
PIBN 11340103

This book is a reproduction of an important historical work. Forgotten Books uses state-of-the-art technology to digitally reconstruct the work, preserving the original format whilst repairing imperfections present in the aged copy. In rare cases, an imperfection in the original, such as a blemish or missing page, may be replicated in our edition. We do, however, repair the vast majority of imperfections successfully; any imperfections that remain are intentionally left to preserve the state of such historical works.

Forgotten Books is a registered trademark of FB &c Ltd.
Copyright © 2018 FB &c Ltd.
FB &c Ltd, Dalton House, 60 Windsor Avenue, London, SW19 2RR.
Company number 08720141. Registered in England and Wales.

For support please visit www.forgottenbooks.com

# Bibliothek der Unterhaltung und des Wissens.

Mit Original-Beiträgen
der
hervorragendsten Schriftsteller und Gelehrten.

Jahrgang 1889.

Zehnter Band.

Stuttgart.
Verlag von Hermann Schönleins Nachfolger.

# Inhalts-Verzeichniß des zehnten Bandes.

Seite

# Familienehre.

## Roman
## von
## Carl Ed. Klopfer.

(Fortsetzung.)

———

(Nachdruck verboten.)

Irene betrachtete den Maler lächelnd. Ja, jetzt hatte sie ihn, wo sie ihn haben wollte. Ihr durch lange Erfahrung geschärfter Blick erkannte augenblicklich die tiefinnerliche Schwäche im Charakter desselben. Wäre ihr verdorbenes Herz auch überhaupt einer Liebe fähig gewesen — Brandt hätte sie niemals erringen können, allein deshalb schon, weil er sich mit seinem weichlichen Schmachten auf eine Stufe mit den zahllosen Anbetern stellte, die Frau v. Mühlhoff zwar als eine schmeichlerische Folie ihrer Person gerne um sich duldete, aber vom Grunde ihrer Seele aus — verachtete. Brandt hatte sie zuerst fürchten zu müssen geglaubt, aber jetzt war natürlich davon keine Rede mehr. Es galt ja auch nur noch, ihn am Fädchen zu halten, das sie so meisterhaft zu leiten verstand, um ihn zum willenlosen Sklaven zu machen. Irene wußte wahrhaftig sehr gut, wie diese Geister zu bannen seien. Sie wußte, daß sie ihn mit einem einzigen gnädigen Druck ihrer Hand, mit einem einzigen Blick ihrer Augen besser für sein Stillschweigen bezahlte, als sie es mit allem Golde vermocht hätte. Und mehr war sie ihm niemals zu gewähren gesonnen. Gerade sein ewiges „Hangen und Bangen" in der „schwebenden Pein" der Ungewißheit, ob sie ihn liebe oder nicht, war der Magnet, der diesen schwankenden Charakter an sie ketten mußte, so lange es ihr beliebte, ihn festzuhalten.

„Höre auf die Stimme Deines Herzens und sonst nichts mehr," rief Stephan jetzt mit flammender Beredtsamkeit; er deutete ihr überlegendes Schweigen als ihren inneren Kampf zwischen ihrer Liebe, der er nun gewiß zu sein glaubte, und der leidigen Konvenienz. „Folge dem unbezwinglichen Zuge, der unsere Seelen zu vereinen strebt — was kümmert es uns, was engherzige Vorurtheile für Dämme dagegen aufbauen mögen!"

„Um des Himmels willen, schweigen Sie, ich bitte Sie," flüsterte Irene. „Ja, wäre ich Herrin meiner selbst, ein armes Kind aus dem Volke, wie einstens, so könnte ich Ihrer Stimme folgen, aber in den Regionen, in denen ich nun lebe, gedeiht nicht die Blume des Glückes, wie sie Ihr schönes Gemüth, das Gemüth eines Künstlers, hegen nnd pflegen kann. Ich muß mit dem allgemeinen Strome gehen, der in fest abgesteckten Grenzen dahinfließt; ich darf nicht auf mein Herz hören, das so gern die nüchterne Vernunft überreden möchte. Und dann, selbst wenn ich es wollte — es ist zu spät, ich kann nicht mehr zurück. Ja, wären Sie mir früher, noch vor wenigen

Monaten, entgegen getreten, es wäre vielleicht anders, ganz anders gekommen. Aber — ich wiederhole es Ihnen — das ist jetzt vorbei; ich darf, ich kann nicht mehr zurück."

„Und warum nicht?"

„Weil — weil ich mich schon zu einem Schritte hinreißen ließ, den ich nicht mehr ungeschehen machen kann. Nennen Sie es eine plötzliche Laune, die mich einst diesen folgenschweren Schritt thun ließ — gleichviel, ich darf weder Sie, noch die leise Stimme in meinem Innern mehr anhören, die mir vielleicht etwas zuflüstern könnte, was mit Ihren verheißungsvollen Worten in Einklang stünde."

„Wie? So wäre es wahr, was ich nur als ein leeres Gerücht betrachtete?" rief Stephan, schmerzlich auffahrend. „Es wäre wahr: Sie sind gebunden, Sie sind an ein Wort gekettet, das zwischen uns steht? Sie sind die Braut des Grafen Wernshausen, wie man mir sagte? Also doch?"

Sie nickte ernst und blickte traurig zu Boden.

„Und Sie lieben ihn?" fragte der Maler nach einer drückenden Pause.

„Fragen Sie mich nicht! Wie dem auch sei — ich darf Sie nicht hören, ich kann nicht mehr zurück!"

„Und warum nicht? Was könnte Sie dazu zwingen, das Glück Ihres Herzens einer hohlen Abmachung zu opfern?"

„Das Urtheil der Welt, die Gesetze der Gesellschaft, der ich angehöre — nun angehöre. Es kann nicht anders sein!"

„O, sprich nicht so, Irene," rief er leidenschaftlich. „Du sollst, Du mußt mir folgen, keine Macht der Erde soll Dich von meiner Seite reißen!"

„Wir werden sehen," erwiederte sie. „Die Zukunft soll es lehren."

„O Du Holde, Du einzig Geliebte! Hab' Dank für diesen süßen Hoffnungsstrahl, der mich neu belebt!" Er führte ihre Hand an seine brennende Stirn. „Mach' mich zum Glücklichsten, Irene, sprich nur ein einziges Wörtchen, das ich zum ewigen Angedenken in meiner Brust bewahren kann!"

„Stephan!" lispelte sie und lächelte ihm mit feuchtem Auge zu.

Ein Jubelschrei stieg aus seiner Kehle. Er wollte sie umschlingen, aber sie drängte ihn sanft, mit einem bittenden, hilfeflehenden Blick zurück und wandte sich der Ausgangsthür zu.

„Laß mich, laß mich! Im Schoß der Zukunft ruhen unsere Hoffnungen, jetzt sind sie noch nicht reif."

Sie winkte ihm noch einmal zu und verließ das Atelier, ehe der Maler ihr folgen konnte.

Als die Portière hinter der Enteilenden zusammenrauschte, seufzte Brandt tief auf und fuhr sich über das erhitzte Gesicht. Wehmuth und Freude stritten sich in seinem Innern. Er wandte sich um, nach der Staffelei, von welcher das Bild der jungfräulichen Beatrice herablächelte. Er stellte sich an das Gemälde und versenkte sich auf's Neue in die Betrachtung dieser Züge, über die er Alles um sich her zu vergessen geneigt schien,

Alles, Vorsätze, Pläne und Erinnerungen an frühere Zeiten.

Der junge Künstler mochte lange Zeit so gestanden haben, als ein schüchternes Pochen an der äußeren Thüre ihn emporschrecken ließ. Er ging und öffnete, war aber nicht wenig erstaunt, als Ludwig Stampfel die Schwelle des Ateliers betrat.

„Gott grüß' Dich, Bruder!" rief der Universalkünstler. „Also Du wohnst wirklich da? Ich wollte dem Portier draußen am Thore keinen Glauben schenken und war schon fast entschlossen, Angesichts des stolzen Palastes, der doch gar zu grell von der silbernen Rübe absticht, wieder umzukehren."

Die Miene des Malers drückte jedenfalls kein besonderes Entzücken darüber aus, daß der Besucher den erwähnten Vorsatz der Umkehr nicht ausgeführt habe. Aber „Signor Stamelli" bemerkte es nicht, sowie er nicht einmal darauf achtete, daß Stephan ihm weder die Hand reichte, noch ihm ein Wort des Grußes schenkte. Er war lediglich mit der Betrachtung des eleganten Ateliers beschäftigt.

„Höre 'mal," sagte er mit erstauntem Kopfschütteln, nach seiner Gewohnheit sofort den Tastsinn bei seiner Besichtigung zu Hilfe nehmend, „Du bist doch ein rechter Glückspilz, alter Freund! Hier könnte man sich ja geradezu mitten in ein Märchen hinein versetzt glauben. Herrlich, wunderbar! Und dies ist Alles Dein Eigenthum, gespendet von jener holden Fee, Deiner Gönnerin?"

„Nun ja doch, was findest Du daran so Unwahrscheinliches? Oder hast Du denn wirklich gemeint, ich erblicke meine Lebensaufgabe darin, ewig im Rübenhof zu blühen? Lange genug haben mich jene grauen Mauern eingeengt, den Flug meines Geistes gehemmt, mein Empfinden, mein künstlerisches Schaffen verflacht und zersplittert."

„Nun, nun, Du scheinst ja mit einem Male von einer förmlichen Wuth gegen unseren guten Musenhof erfaßt zu sein, die ich früher gar nicht an Dir bemerkte. Erinnere Dich doch, daß wir im Freundeskreis daselbst schon viele angenehme, heitere Stunden verlebt haben, die uns die graue Kaserne ganz lieb machen konnten."

Brandt wollte etwas erwiedern, brach aber plötzlich ab und zuckte verächtlich die Achseln. Dann, als er Stampfel geradeswegs auf das Gemälde zuschreiten sah, kam er ihm rasch zuvor und kehrte das Bild auf der Staffelei um.

„Warum verbirgst Du mir das Bild? Ich habe es ja doch schon gesehen, es ist ja Dein altes Bild, die Braut von Medina oder von Mekka, glaub' ich."

„Nun eben deshalb, ich will das Bild nicht mehr sehen, das mir nie fertig zu werden scheint. Aber kümmere Dich nicht darum. Wie steht es mit Deinem Konzert?"

„Sehr gut!" erklärte der Musikus gravitätisch. „Dieses außerordentliche musikalische Ereigniß — es ist der eigentliche Zweck meines Besuches, Dir dies mitzutheilen — wird heute über drei Wochen draußen im großen Schützensaal stattfinden. Alles ist schon in bester Vorbereitung, die Plakate unter der Presse, die Reklamen an die Tagesblätter versandt, und die Kartensubscription in der Musikalienhandlung von Sparmann eröffnet."

Stampfel, der diese Worte mit großem Nachdruck ausgesprochen, machte jetzt eine Pause, um dem Freunde Zeit zu lassen, die ganze Wichtigkeit dieser Sensationsnachricht in sich aufzunehmen. Mittlerweile griff er in seine Brusttasche und holte daraus ein großes Notizbuch hervor, dem er mehrere rothe Papierstreifen entnahm. Dann ging er feierlich auf den Maler zu.

„Aus Vorsorge für den Fall, daß die Nachfrage nach Konzertbillets eine so starke werden sollte, daß Du Dich nicht rechtzeitig mit etlichen davon versehen könntest, habe ich Dir einige Plätze im ersten Parquet reservirt, die besten Sitze im ganzen Saal, die ich Dir hiermit überreiche. Vielleicht ist die Baronin Mühlhoff so gütig, ebenfalls davon Gebrauch zu machen, wodurch ich mich selbstverständlich sehr geehrt fühlen würde. — Apropos, kann man denn diese interessante Dame, um die sich im Musenhofe schon ein förmlicher Sagenkreis gewoben hat, nicht auch einmal zu Gesichte bekommen?"

Dabei sah er sich nach allen Seiten um, als erwarte er den Kopf der Baronin hinter diesem oder jenem Vorhang hervorgucken zu sehen.

„Wozu?" fragte Stephan ärgerlich, mechanisch die ihm überreichten Billets entgegennehmend. „Bist Du etwa ein Abgesandter der Leute aus dem Rübenhofe, der über die euch so stark beschäftigende Frau v. Mühlhoff Bericht erstatten soll? Ich hätte es nicht gerne, wenn es sich vielleicht Jemand beifallen ließe, sich der Baronin aufzudrängen, ihr lästig zu fallen."

„Stephan," sagte Stampfel betreten, „wie kommst Du

mir denn mit einem Male vor? Ich weiß nicht, ob ich mich täusche, aber es scheint mir, als sprächest Du über Deine Freunde in einem Tone, der — wie soll ich sagen — der eine gewisse Mißachtung ausdrückt. Die von Dir gepachtete Gönnerin zu ‚belästigen‘ liegt mir ferne, ich wollte ihr nur meine ganz ergebene Einladung zu meinem Konzerte überbringen."

„Ich werde sie in Deinem Namen an die richtige Adresse leiten," entgegnete Brandt kühl; dann schien er sich auf etwas zu besinnen. „Ach ja, bald hätte ich vergessen — die Billets — erscheinen sie Dir mit fünfzig Mark genügend bezahlt?"

Er öffnete mit nachlässiger Handbewegung ein kleines Kästchen, das auf einem vergoldeten Gesimse stand.

„Brandt, was denkst Du von mir?" rief jetzt der Musiker im Tone der Kränkung. „Willst Du mich beleidigen, daß Du mir Geld bietest? Hast denn Du als mein Freund nicht Antheil an meinem Ruhm, an meinen Erfolgen? Ich werde mich begeistert fühlen, wenn ich mich von den lieben Kameraden umgeben sehe, ich werde das wohlthuende Gefühl haben, in meiner Nähe Zuhörer zu besitzen, die meine Aufregung, meine Freude mit mir theilen. Und ich soll mich für dieses Mitgefühl noch bezahlen lassen? Es ist mir überhaupt nicht um den materiellen Vortheil, nicht um Geld zu thun, sondern um Ehre und künstlerische Anerkennung! Was würdest Du zum Beispiel sagen, wenn ich Entrée bezahlen wollte, um irgend eines Deiner später einmal ausgestellten Bilder zu sehen?"

"Nun," erwiederte Brandt etwas verlegen, "ich wollte Dich nicht kränken. Ich dachte nur, daß Du etwa ein bischen Moos vonnöthen haben könntest. Mein Gott, haben wir uns denn nicht in früheren Zeiten oft genug gegenseitig ausgeholfen?"

"In früheren Zeiten, ja — aber jetzt ist es etwas Anderes. Du wolltest mir das Geld offenbar auch nicht in diesem Sinne bieten. Es scheint mir vielmehr, als wolltest Du damit unserem Verhältniß für die Zukunft eine gewisse Wendung geben. Ich habe vergebens gewartet, daß Du Dich nach den Freunden aus dem Musenhofe erkundigen würdest; sie scheinen Dir unbequem geworden zu sein. Nun, das hättest Du mir ja gleich zu Anfang sagen können. Jetzt sollst Du vor mir Ruhe haben!"

In dem Wesen Stampfel's war eine merkwürdige Veränderung vorgegangen. Sein Gesicht war ernst und traurig. Er griff nach seinem Hute und ging der Thür zu.

"Ach, Du bist nicht recht bei Trost!" rief Stephan geärgert. "Deine lächerliche Sentimentalität nimmt Alles tragisch, Ludwig. Wenn ich Dich nicht so genau kennte, ich müßte mich über Dich ernstlich erzürnen."

"Ei, seht doch einmal!" lächelte Stampfel wehmüthig. "Nun, wir wollen mit einander nicht rechten. Ich habe Dich verstanden — und damit genug. Dein Erscheinen oder Deine Abwesenheit beim Konzerte wird mich überdies darüber belehren, ob ich mich in meiner traurigen Beobachtung getäuscht habe oder nicht. Belästigung und Aufdringlichkeit hast Du indessen keinenfalls mehr zu fürchten, und ich wünsche herzlichst, daß Du es nie bereuen mögest, Dich so leicht und unbekümmert von den Genossen Deiner ehemaligen Armuth losgesagt zu haben. Adieu!"

Damit entfernte er sich raschen Schrittes aus dem Atelier, dessen Luft ihm plötzlich sehr unbehaglich geworden war.

Brandt machte schon eine Bewegung, als ob er den Scheidenden zurückhalten wollte, aber dann drehte er sich mißmuthig und achselzuckend herum und ging an die Staffelei, wo er das Bild wieder in die frühere Stellung brachte.

„Es ist besser so!" murmelte er vor sich hin, während er an das Tischchen trat, wo neben seinen Malerutensilien ein Becher mit türkischen Cigaretten stand. Er steckte sich eine Cigarette an und warf sich auf den niedrigen orientalischen Divan in der lauschigen Ecke.

Sinnend blickte er den duftigen blauen Rauchwolken nach, die sich in zerfließenden Ringen zwischen seinen Lippen hervordrängten und langsam zur Decke emporstiegen. Er dachte daran, daß vor Kurzem Irene auf derselben Stelle, auf demselben Divan geruht habe, und in den daran sich knüpfenden Gedanken vergaß er die Scene mit Stampfel, wie überhaupt Alles, was mit seinen früheren Beziehungen, mit dem alten Hanse „Zur silbernen Rübe" zusammenhing.

## Zehntes Kapitel.
### Notarielle Geschäfte.

Der Morgen, welcher jener Nacht folgte, die dem Advokaten Trenner auf Goseck die Papiere der verstorbenen Gräfin Aurelie in die Hände gespielt hatte, war trüb und unfreundlich, so recht geeignet, um eine unangenehme Gemüthsstimmung zu erwecken; ein erster Vorbote des herannahenden Winters.

Graf Wladimir v. Wernshausen stand am Fenster seines Bibliothekzimmers und sah in schlechter Laune zu dem regenschweren Himmel empor. Er fühlte heute nicht die geringste Lust, an seine Tagesgeschäfte zu gehen. Da trat der Kammerdiener ein. Der Minister wandte den Kopf nach rückwärts.

„Was gibt es, Lorenz?"

„Herr Doktor Friedrich Trenner bittet Eure Excellenz um eine Unterredung."

„Ach, schon so früh?"

„Er sagte, es handle sich um wichtige notarielle Geschäfte, die keinen Aufschub duldeten."

„Das kennt man! Jeder behauptet, sein Anliegen wäre sehr dringend und gestatte keinen Aufschub. Doch da fällt mir ein — Trenner — das ist ja der Anwalt meines Sohnes! Nun denn, lassen Sie ihn eintreten, sagen Sie ihm aber, ich sei sehr beschäftigt und könne ihm nicht lange Gehör schenken."

„Sehr wohl." Lorenz entfernte sich. Der Minister setzte sich sehr mißmuthig an seinen Schreibtisch, um den Besucher zu erwarten.

Eine halbe Minute später betrat Trenner mit einer ehrerbietigen Verbeugung das Bibliothekzimmer. Nachdem er die Flügelthür sorgfältig hinter sich geschlossen hatte, trat er mit gekrümmtem Rücken vor.

„Excellenz gestatten mir, mich ganz unterthänigst vorzustellen —"

„Doktor Trenner, ja, ich habe soeben erfahren. Bitte, fassen Sie sich möglichst kurz. Womit kann ich Ihnen dienen?"

„Ich möchte mir erlauben, Eurer Excellenz einen Bericht über das Ergebniß meiner Verlassenschaftsaufnahme vorzulegen, die ich gestern im Auftrage Ihres Herrn Sohnes, des Grafen Herbert, auf dem Majorate Goseck vorgenommen habe."

„Aber erlauben Sie, Herr Doktor," warf der Minister befremdet ein, „das geht doch meinen Sohn an —"

„Allerdings auch," entgegnete der Notar mit einem eigenthümlichen Lächeln; „nur bin ich gewiß, daß Excellenz das nächste Interesse daran haben dürften, insofern ich nämlich bei dem genannten Geschäfte auf Umstände gestoßen bin, die in mehr als einer Beziehung der ungetheilten Aufmerksamkeit Eurer Excellenz werth sind. Deshalb muß ich auch um Entschuldigung bitten, wenn ich zu Anfang meiner Mittheilungen etwas weiter aushole, als vielleicht im ersten Moment für nöthig erscheinen dürfte. Es entspringt überdies diese meine Absicht nur der besonderen Rücksichtnahme auf Eure Excellenz, die meinen Eröffnungen gewiß ganz und gar unvorbereitet gegenüberstehen dürften."

Das feine, gelbliche Gesicht des Ministers zuckte vor Ungeduld, sein lebhaftes Auge sprühte. Er lehnte sich in seinem Stuhl zurück und deutete kurz nach einem Sessel in der Nähe des Schreibtisches, auf welchen sich der Notar niederließ.

„Das hört sich fast wie die Einleitung zu etwas sehr Peinlichem an."

„Ich fürchte, es wird Eurer Excellenz so erscheinen —"

„Gleichviel, ich will stets rasche Gewißheit haben. Wollen Sie also demnach von der von Ihnen nöthig befundenen längeren Vorbereitung Abstand nehmen und mit thunlichster Eile auf den Kern der Sache kommen."

„Sehr wohl, allein ich erlaube mir nochmals zu versichern — ich kann unmöglich so geradezu die heiklen Punkte berühren —"

„Zum letzten Male, sprechen Sie!"

„Wie Eure Excellenz befehlen," entgegnete Trenner sehr ruhig und mit seinem früheren Lächeln, dann fuhr er fort: „Wissen Excellenz, daß Ihr Herr Vetter, der verstorbene Husarenmajor Graf Egon v. Wernshausen nicht, wie allgemein angenommen wird, in der sogenannten Teufelsschlucht bei Goseck sein trauriges Ende gefunden hat? — Ich habe mich kurz gefaßt und bin mit dieser Frage unmittelbar vom gewünschten Kernpunkt ausgegangen, Excellenz!"

Das glattrasirte Gesicht des Ministers war plötzlich kreideweiß geworden. Das war allerdings ein höchst frappirender Anfang.

„Was soll das?" fragte der Graf nach einer Weile, alle Mühe aufwendend, um sein diplomatisches Gleichgewicht zu bewahren. „Ich begreife diese Ihre Frage nicht, Herr Doktor. Meines Wissens steht die Todesart meines bedauernswerthen Vetters außer allem Zweifel. Wie kommen Sie heute — nach vierzehn Jahren — darauf?"

„Davon später. Es genüge vorläufig meine Versicherung, daß ich fest überzeugt bin, Graf Egon ist nicht durch einen Sturz in den bewußten Abgrund verunglückt. Vielleicht gelingt es Eurer Excellenz, mich im Laufe unserer Verhandlung doch zu der allgemeinen Annahme zu bekehren."

Der Ton und die Miene des Notars waren bei diesen Worten so harmlos, als lauere nicht die geringste Anzüglichkeit dahinter.

„Ich werde aus Ihren Worten und Ihren Absichten wirklich nicht klug, mein bester Herr Doktor," erwiederte der Graf nervös. „Wie denken Sie denn, daß der Major gestorben ist? Man hat doch die klarsten Beweise davon, daß er thatsächlich durch einen Sturz mit dem Pferde —"

„Pardon, daß ich Eure Excellenz unterbreche. Ich kenne diese angeblichen Beweise recht wohl, doch möchte ich mir die Gegenbemerkung erlauben, daß man die Leiche des Herrn Grafen nicht aufgefunden hat."

„Natürlich nicht, weil —"

„Weil das Wasser der Teufelsschlucht die Todten nicht mehr zurückgibt," fuhr der Notar im unbefangensten Plaudertone fort; „selbst ein — lebendig Begrabener kommt nicht so leicht wieder zum Vorschein."

Der Minister fuhr empor, aber seine zitternden Glieder ließen ihn sofort wieder auf den Stuhl zurücksinken. Trenner schien davon nicht das Geringste zu merken.

„Noch eine Frage! Wissen Eure Excellenz, daß auf dem Schlosse Goseck ein geheimes Gewölbe existirt?"

Der Graf blieb stumm, aber seine Zähne waren fest aufeinander gebissen, seine Lippen bebten wie im Fieber=

frost. Der rechte Arm, mit welchem er den Notar zu schweigen bedeutete, schlotterte. Dann schlug die Hand des Ministers mit unsicherem Griffe auf den Knopf der silbernen Klingel, die auf der Schreibtischplatte stand.

Lorenz erschien im Thürrahmen, der Befehle seines Herrn gewärtig, aber dieser vermochte keinen Laut hervorzubringen; er mußte sein Gesicht dem Fenster zuwenden, um dem Diener seine furchtbare Erregung zu verbergen.

„Seine Excellenz wünschen, daß Niemand in das Vorzimmer gelassen werde," sagte der Notar rasch, die Absicht des Grafen sofort errathend. „Sie sollen dafür sorgen, daß wir vollständig ungestört bleiben; es handelt sich um eine vertrauliche Mittheilung im höchsten Staatsinteresse."

Der Kammerdiener verließ mit einer stummen Verbeugung das Zimmer, in welchem noch lange Zeit kein Laut die peinvolle Stille unterbrach.

„Kurz und gut," nahm Trenner plötzlich das Gespräch wieder auf, als ob gar keine Unterbrechung stattgefunden hätte, „kurz und gut, Graf Egon Wernshausen ist nicht in die Teufelsschlucht gestürzt, sondern in dem erwähnten unterirdischen Gelasse, dem Geheimnisse des Schlosses — sagen wir: internirt worden. Vermuthen Eure Excellenz vielleicht — von wem?"

Abermals eine Pause dumpfen, drückenden Schweigens, dann wandte sich der Graf um; sein Gesicht war erdfahl, die Gesichtsmuskeln zuckten wie unter elektrischen Einflüssen.

„Lassen Sie uns zu Ende kommen, Herr," sagte er kalt, mit anscheinender Ruhe. „Sie wissen Alles, Alles, nicht wahr?"

„Ich glaube," erwiederte Trenner mit einer zuvorkommenden leichten Verneigung, während er die Brieftasche aus seinem Paletot holte und sie harmlos tändelnd in den Händen drehte.

„Unfaßbar! Wer hat das Geheimniß, das ich längst begraben glaubte, herausgeholt aus dem Dunkel und es Ihnen verrathen?"

„Das Tagebuch Ihrer hochseligen Frau Gemahlin, der Gräfin Aurelie," sagte der Notar ganz gelassen.

„Mein Gott, was reden Sie da? Das Tagebuch — meiner Frau?"

„Eigentlich mehr das Tagebuch — seiner Frau, wenn wir nach dem Datum gehen wollen, Excellenz."

„Ich hatte keine Ahnung von einem solchen! Und wie denn, wie konnte denn Aurelie jemals — ich erfuhr mit keinem Worte, daß sie auch nur die leiseste Kenntniß von dem —"

„Das war eben ein Irrthum Ihrerseits, Herr Graf. Um Sie aber vollständig darüber aufzuklären, in wie weit jene Tagebuchblätter Sie zu kompromittiren geeignet sind, werde ich mir die Ehre geben, Ihnen den Inhalt eines dieser Papiere zur Kenntniß zu bringen."

Der Graf streckte die Hand aus, um die Papiere entgegenzunehmen, aber der Notar zog sie mit einem sehr verbindlichen Lächeln an sich.

„Pardon, ich will Sie nicht bemühen, selbst zu lesen. Dann sind mir diese Blättchen auch — zu liebe Raritäten, als daß ich sie gerne in andere Hände gelangen ließe. Ich werde mir also erlauben, das Wissenswertheste vorzulesen und bitte für einige Minuten um Ihr geneigtes Gehör!"

Das sagte er so freundlich, so höflich, als wisse er nicht, daß der Minister mit jedem Nerv auf die Worte des Advokaten hinlausche, der jetzt seine Brieftasche öffnete und ein Päckchen herausnahm. Er zog ein Blatt hervor, räusperte sich umständlich — den Grafen vorsätzlich alle Foltern durchkosten lassend — um endlich mit dem Vorlesen zu beginnen.

Es war dies die Aufzeichnung, die das Datum vom 2. Juli, 3 Uhr Morgens trug und mit den Worten begann: „Meine Pulse fliegen, das Blut braust in meinen Ohren" u. s. w.

Bei der Stelle: „Egon sagte zu Wladimir, er möge den Armleuchter mitnehmen..." stöhnte der Graf schmerzlich auf. Er deckte die Hände vor's Gesicht und hörte, regungslos in seinem Stuhl zurückgelehnt, auf den Text, den der Notar langsam und deutlich, aber so geschäftsmäßig kalt vorlas, als habe er einen ganz gleichgiltigen Kontrakt in Händen: „...... ich lief an's Fenster — Wladimir hielt den vollständig aufgezäumten Rappen am Zügel und führte ihn, behutsam neben ihm herschreitend, über den Rasen, dem Gartenthore zu. Dabei schien es mir, als suche er absichtlich die Stellen, wo der Schatten der Bäume hinfiel, als vermeide er ängstlich die vom grellen Vollmond beschienenen Wege..."

„Genug, genug, halten Sie ein," stöhnte der Graf, die zitternden Hände abwehrend vor sich hinhaltend. „Ich sehe, Sie sind über die ganze Sache vollständig im Klaren."

„Das freut mich," erwiederte Treuner respektvoll, die Papiere wieder sorgfältig zu sich steckend; „wir werden dadurch um so eher zum Schluß unserer Unterredung kommen."

„Und was gedenken Sie mit diesen verhängnißvollen Papieren zu thun?"

„Je nun, ich könnte mit den Blättern gar Manches anfangen, vielleicht gebe ich Ihnen das Päckchen zur Verwendung nach eigenem Gutdünken. Die Geschichte hat damit einen befriedigenden Abschluß gefunden, und Sie haben mich, was ich ja gleich zu Beginn meiner Audienz in das Bereich der Möglichkeit stellte, vollständig davon überzeugt, daß Graf Egon Wernshausen wirklich mit dem Pferde durch den Sturz in die Schlucht verunglückte."

„Ich verstehe, mein Herr. Sie haben mich in Ihrer Hand und können mich, wenn es Ihnen beliebt, wie eine Citrone auspressen —"

„Sie setzen mich in Erstaunen durch die diplomatische Scharfsicht, mit welcher Sie das Terrain überblicken. In der That, ich kann Sie auspressen — wie eine Citrone."

„Um kurz zu sein: wieviel?"

„Wie belieben Excellenz zu bemerken?"

„Ich frage, wieviel? Wieviel begehren Sie für die Auslieferung dieser Schriftstücke, geehrter Herr Doktor?"

„Ach, Sie meinen — Geld? Aber bester Graf, wollten Sie denn wirklich so unvorsichtig sein? Bedenken Sie doch, welch' geringe Sicherheit Ihnen dadurch geboten wäre, wenn ich Ihnen das Päckchen verkaufen würde. Die gesetzlichen Beweise — wenn man die Notizen einer Wahn=

sinnigen überhaupt als solche gelten lassen wollte — wären dann allerdings aus der Welt geschafft. Aber wer bürgt Ihnen denn dafür, daß ich nicht heute Ihr Geld nehme, Ihnen die Schriften übergebe und morgen die ganze Sache ausplaudere, oder noch schlimmer: Sie unter der stetigen Androhung dieser Publikation zu einer immer= währenden Goldgrube für mich mache, so daß ich Sie nach und nach ruinire, Sie auspresse wie eine Citrone?"

Der Notar hatte sich während dieser Rede von seinem Sitz erhoben und war langsam an den Minister heran= getreten, der unter jedem Wort wie unter einem Keulen= schlag erbebte, und jetzt, wie in sich zusammengesunken, auf dem Fauteuil kauerte.

„Sie sehen, Herr Graf, es wäre ein schlechtes Ge= schäft für Sie, wenn ich die Papiere in Gold umwechseln wollte."

„Aber dann begreife ich Sie nicht. Was verlangen Sie denn? Gelüstet es Sie nach Ehren und Würden, die ich Ihnen etwa vermöge meines Einflusses verschaffen sollte?" rief der Minister erstaunt, mit einer gewissen Aengstlichkeit dem Begehren seines Peinigers entgegen= sehend.

„Auch nicht übel, Excellenz," spottete Trenner, während er, wie um sich seine Forderungen zu überlegen, mit be= dächtigen Schritten das Zimmer durchmaß; „Sie wollen mir vielleicht ein Aemtchen, ein paar Orden oder der= gleichen anbieten — in der That, Sie könnten mir das Alles verschaffen!... Aber nein, Herr Graf, das ist mein Ehrgeiz nicht. Geld habe ich im Ueberfluß selbst; und

die Bürde einer vornehmen Stellung, die mir nur zahl=
lose Feinde schaffen würde, Demüthigungen, Lasten und so
weiter, die will ich lieber entbehren. — Denken Sie nur
an Anderes!"

Der Graf athmete schwer. „Ich kann doch Ihre
Wünsche nicht errathen? Nennen Sie also selbst den
Preis Ihres Schweigens."

Der Notar war auf seinem Rundgang wieder zum
Minister gekommen, vor dem er jetzt stehen blieb. Seine
Miene war kalt und steinern.

„Exzellenz," begann er, vollständig im Ton, der zu
seinem Gesichtsausdruck paßte, die Hände auf dem Rücken
gefaltet, „wir haben keinen Grund, uns irgend etwas zu
verheimlichen. Also lassen Sie mich ganz offen zu Ihnen
sprechen, damit wir unsere gegenwärtige Situation rascher
klären. Sie wissen — oder wissen es vielleicht auch
nicht — daß ich zu den ersten Advokaten der Residenz, zu
den reichsten Männern des ganzen Landes gehöre. Mein
Vermögen gestattet mir, alle die Ansprüche zu befriedigen,
die ich allenfalls an das Leben stellen könnte, ich habe
nicht nöthig, nach weiterem materiellen Besitz zu streben,
da ich ja doch keine mir mehr zusagende Verwendung
davon machen könnte. Als ich in meiner Carrière begann,
da galt mir eine bescheidene Rente als das höchste Ziel;
nun, ich habe, wie gesagt, dieses Ziel weitaus überflügelt,
meine Tochter hat eine vollendete Erziehung genossen,
ich könnte in den besten Familien meinen Schwiegersohn
suchen, ja, ich brauche Sie wohl nicht erst zu versichern,
ich fände manchen hochadeligen Herrn, der seinen ver=

blaßten Abelsschild als Eidam des reichen Advokaten Trenner neu vergolden möchte; aber ich will nicht mein mühsam erworbenes Kapital einem solchen Herrn ausliefern, um mich dann von ihm mit hochmüthigem Naserümpfen belächeln zu lassen. Dennoch habe ich in meiner Praxis, die mich viel mit der Aristokratie in Berührung brachte, den Werth der bevorzugten Stellung kennen gelernt, die der Adel im Allgemeinen doch noch immer einnimmt. Ich würde es nicht ungerne sehen, wenn meine Enkelkinder ein gekröntes Wappen aufzuweisen hätten — kurz, um es rückhaltslos zu gestehen, ich habe meine Advokatur nur deshalb nicht aufgegeben, trotzdem ich es mir längst gestatten könnte, weil ich eben durch sie das letzte Ziel meines Ehrgeizes zu erreichen hoffte: einen vornehmen Schwiegersohn. Keinen verschuldeten, bankerotten, an Körper, Jugend, Geist und Gemüth herabgekommenen Junker, der mich über die Achsel ansehen würde, nein — einen angesehenen, reichen, begabten, eleganten Adelssproß, vor dem ich mich nicht zu demüthigen hätte, der vielmehr Alles aufbieten müßte, um sich in meiner Gunst zu erhalten. — Nicht wahr, Graf, das ist wohl ein etwas unbescheidener Wunsch für einen einfachen Rechtsanwalt, der aus der unteren — sagen wir meinethalben aus der untersten Schichte des Volkes gestiegen ist, denn mein Vater war ein armer Tagelöhner! Ahnen Sie nun, Herr Graf, auf welche Weise ich zu meinem Ziel zu kommen gedenke?"

Er blickte sein Opfer bei diesen Worten mit seinen boshaften Augen an, in welchen der ganze unermeßliche Triumph funkelte, den ihm die gegenwärtige Situation gewährte. Der Graf schwieg und stierte wie geistesabwesend vor sich hin, er schien den Sinn der Worte Trenner's kaum erfaßt zu haben.

„Wissen Sie nun, Herr Graf, was ich für die Auslieferung jener interessanten Tagebuchblätter verlange?"

Der Minister antwortete noch immer nicht.

„Nun denn," fuhr der Notar, dicht an sein Ohr geneigt, im Flüstertone fort, „Ihr Herr Sohn wird sich dazu bequemen müssen, Fräulein Ella Trenner, die Tochter des Advokaten, zu seiner Gattin — zur Gräfin Wernshausen zu erwählen, und Sie werden Ihren Segen zu dieser Verbindung geben."

„Sind Sie bei Sinnen, Herr?" schrie jetzt der Minister und fuhr auf; die Zornesader an seiner Stirne schwoll an.

„Mein bester Herr Graf," höhnte Trenner mit eiserner Ruhe, „Sie vergessen die Situation, vergessen, daß Sie in diesem Moment vollständig in meine Hand gegeben sind."

Wernshausen biß sich auf die Lippen und fiel auf seinen Sitz zurück; der schneidende Ton des Notars hatte ihn wieder zum vollständigen Bewußtsein seiner höchst fatalen Lage gebracht.

„Verwünscht!" zischte er zwischen den knirschenden Zähnen hervor. „Wenn ich mir nun lieber eine Kugel durch den Kopf jagte, als Ihre unverschämten Forderungen zu erfüllen?"

„Selbst durch diesen verzweifelten Schritt könnten Sie nicht verhindern, daß ich an der Hand meiner kostbaren Papiere den Grafen Herbert zwinge, die Schmach einer Entdeckung der Gosecker Geheimnisse in der von mir be=

bingten Weise zu verhüten; Ihr Sohn dürfte wohl ein=
sehen, daß eine solche Heirath noch immer weniger Staub
aufwirbelt, als die Publizirung eines Familiengeheimnisses,
wie es sich in meinen Händen befindet. Meinen Sie das
nicht auch, Exellenz?"

Wernshausen athmete mühsam.

„Uebrigens, beruhigen Sie sich. Ella Treuner ist
allerdings nur eine Bürgerliche, aber die Tochter eines
unbescholtenen Abvokaten, die Enkelin eines ehr=
lichen Tagelöhners, und ich glaube, sie steigt herab,
wenn sie ihre Hand dem Grafen Wernshausen reicht —
dem Sohne eines Mörders! — Sie sehen, das ist auch
ein Gesichtspunkt!"

„Ah!" ...

Es war ein qualvoller Seufzer, welcher sich der Brust
des Grafen entrang. Der Blick seiner gläsernen, blut=
unterlaufenen Angen ruhte lange auf dem zierlichen Re=
volver, der auf dem eleganten Aufsatz des Schreibtisches
lag. Die sarkastischen Worte des Notars ließen ihn das
Aussichtslose eines solchen Vorsatzes mit schneidender Ueber=
zeugung erkennen. Ja, er war wirklich machtlos.

„Beenden wir diesen unerquicklichen Auftritt," stöhnte
er. „Nennen Sie mir Ihre äußerste Forderung — die
genannte kann nicht Ihr Ernst sein!"

„Ich glaube mich mit genügender Deutlichkeit aus=
gedrückt zu haben," erwiederte Trenner kalt, „und gehe
kein Jota von meiner Bedingung ab. Danken Sie Gott,
Herr Graf, daß ich ein Kind habe, dessentwegen ich so
leicht erfüllbare Ansprüche stelle!"

„Aber ich sage Ihnen: mein Sohn wird sich nimmermehr zu einem solch' elenden Schacher verwenden lassen! Sie wissen überdies, daß er eine Braut erwählt hat, die er um jeden Preis erringen will."

„Nnu, dieses Verhältniß wird einfach gelöst. Seien Sie überzeugt, Graf Herbert hält die Ehre seiner Familie zu hoch, um nicht selbst für das Verbrechen seines Herrn Papa zu büßen. Uebrigens macht Ihr Sohn keine so schlechte Parthie. Meine Tochter ist jung, kaum achtzehn Jahre, besitzt leibliche Schönheit und gibt an Geist, Bildung und vornehmem Auftreten der Baronin Mühlhoff sicherlich nichts nach; sie wird also eine ganz standesgemäße Repräsentantin einer Gräfin Wernshausen sein. Sie aber haben die Beruhigung, daß Ihr Vetter Egon wie bisher im Abgrund der Teufelsschlucht vermodert, wenigstens wird es Niemand anders wissen, wenn ich Ihnen die Papiere am Tage der Hochzeit übergebe. Und daß ich fernerhin über das fatale Familiengeheimniß reinen Mund halte, dafür bürgt Ihnen der Umstand, daß es doch dann in meinem eigenen Interesse liegt, den Schwiegervater meiner Tochter — kurz die ganze Familie Wernshausen nicht verunglimpfen zu lassen."

„Aber — es kann ja nicht sein; wie soll ich meinen Sohn dazu bewegen?"

„Das ist Ihre Sache und nicht die meine. Ich gebe Ihnen Bedenkzeit bis morgen Nachmittag drei Uhr, wo ich Sie mit Ihrem Sohne in meinem Hause zum Diner erwarte. Ich bin überzeugt, Sie werden kommen, um dem Grafen seine Braut vorzustellen. — Ja, morgen noch muß Herbert um die Hand meiner Tochter anhalten und — sagen wir heute über sechs Monate, wo die formelle Trauerzeit für Gräfin Aurelie als erloschen betrachtet werden kann, soll die feierliche Vermählung stattfinden. — Also, auf Wiedersehen, Graf; setzen Sie sich heute noch in der Ihnen gut dünkenden Weise mit Ihrem Sohne auseinander; morgen zur Dinerstunde erwarte ich Sie Beide bei mir; meine Tochter wird Ihnen die Honneurs machen. Ich will sie heute noch über den geschätzten Besuch und dessen Zweck unterrichten. Ella ist zu gut erzogen, um einen anderen Willen zu haben, als den ihres Vaters. — Adieu!"

Damit schritt Trenner stolz erhobenen Hauptes aus dem Bibliothekzimmer.

## Elftes Kapitel.
### Vater und Sohn.

Im Ministerpalais schlich heute Alles mit möglichster Geräuschlosigkeit umher; die kleine Komtesse Kamilla wurde von ihrer Gouvernante sorgfältig in ihrem Zimmer gehalten, um ihr jede Gelegenheit zu benehmen, den Papa etwa zu stören, denn Seine Excellenz schien erkrankt, wie sich die Dienerschaft in's Ohr flüsterte.

Der Minister hatte nach dem Weggang des Advokaten das Bibliothekzimmer nicht mehr verlassen, dem Kammerdiener die strengste Weisung gegeben, nicht die geringste Störung seiner Einsamkeit zu dulden, und sich darauf den ganzen Tag nicht mehr blicken lassen. Man erwartete ihn vergebens zu den Mahlzeiten, die er sonst gemeinsam mit seinen beiden Kindern im Speisesaale einzunehmen pflegte; die schüchterne Anfrage des Dieners vor der Thür zum Bibliothekzimmer, ob Excellenz nicht etwa das Diner dort einzunehmen wünsche, fand eine kurze, barsche Abweisung, so daß der Haushofmeister Rößler es gar nicht wagte, aus eigenem Ermessen nach dem Hausarzt zu schicken.

Als es aber schon gegen sechs Uhr Abends geworden war und Graf Wladimir weder Licht verlangt, noch sonst irgend ein Zeichen seiner Anwesenheit gegeben hatte, konnte sich der alte Rößler nicht mehr halten. Kurz entschlossen nahm er einen Armleuchter mit brennenden Wachskerzen und ging nach dem Bibliothekzimmer. Er klopfte nicht ohne ein banges Gefühl an — kein Laut war in dem Gemache vernehmbar. Rößler hielt es für seine Pflicht, jetzt nicht mehr zu zaudern, und öffnete die Thür, in das stockdunkle Zimmer eintretend; er leuchtete mit zitterndem Arm umher, als fürchte er, den Grafen irgendwo bewußtlos am Boden liegen zu sehen.

Jetzt kam Wernshausen aus der Fensternische hervor, in welcher er gelehnt hatte, und sah den Eintretenden erstaunt an.

„Verzeihung, Excellenz." stotterte der greise Haushofmeister, „ich hätte mir nicht gestattet, zu stören, wenn ich nicht vermuthet hätte, Euer Excellenz wünschten vielleicht Licht."

„Es ist gut. Stellen Sie den Leuchter auf den Schreibtisch, löschen Sie aber alle Lichter aus bis auf eines; der grelle Schein schmerzt mich!" Damit ging der

Minister auf und ab und vermied es sorgfältig, den Alten sein Gesicht sehen zu lassen. Es kostete ihm schon Mühe genug, seine Stimme so weit zu bemeistern, um in ihr nicht seinen furchtbaren Gemüthszustand wiederklingen zu lassen.

Rößler that, wie ihm befohlen, und wollte sich dann wieder entfernen.

„Ach ja," sagte der Graf plötzlich, als fiele ihm jetzt eine gleichgiltige Sache ein, „Sie können im Vorbeigehen bei meinem Sohne vorsprechen und ihm sagen, ich lasse ihn ersuchen, sich heute noch hier bei mir einzufinden — ich habe mit ihm zu sprechen!"

Der Haushofmeister besorgte diesen Auftrag natürlich sofort, um so mehr, als er froh war, den Grafen Herbert zu seinem Vater schicken zu können, denn der Minister flößte ihm in der That ernste Besorgnisse ein. —

Fünf Minuten später trat Herbert in das Bibliothek= zimmer, nicht wenig erstaunt über das hier herrschende Halbdunkel, das ihm kaum das Gesicht seines Vaters zu sehen gestattete, welcher wieder im Schatten der tiefen Fensternische lehnte und den Gruß des Sohnes kaum ver= nehmbar erwiederte.

„Ich hörte, daß Sie unpäßlich seien," begann Herbert, während sein Blick über den Schreibtisch flog, wo ein großes, amtliches Couvert lag, „und nicht gestört sein wollten, aber ich sehe hier, daß Sie sich wohl mit einer wichtigen Dienstsache beschäftigten. Ist es nicht so?"

„Wie man's nimmt," entgegnete Wernshausen mit unsicherer Stimme, „ich habe den Nachmittag mit der

Abfaffung dieses Schreibens zugebracht — es ist ein Im=
mediatgesuch an Seine Majestät in eigener Angelegen=
heit."

„Wie, ein Immediatgesuch? Wozu?"

„Ja, mein Sohn," brachte der Minister nur mit An=
strengung hervor, „es enthält die Bitte um meine Ent=
laffung."

Er sah gespannt auf Herbert, der im ersten Moment
erschreckt zurückwich und dann mit einer leichten Röthe
auf den Wangen und gerunzelter Stirn vor sich hin sah.

„Vater," sagte er nach einer Weile gepreßten Tones,
„glauben Sie sich das selbst schuldig zu sein, oder hat
man es Ihnen von allerhöchster Seite nahe gelegt —
wegen meiner bevorstehenden Vermählung mit der Baronin
Mühlhoff?"

„Und — wenn es nun zufällig so wäre?"

„Dann — dann müßte ich Sie bedauern, Vater, das
Opfer eines so lächerlichen Vorurtheils geworden zu sein."

„Und könnte dies auch Dich nicht bewegen —"

„Irene aufzugeben? Niemals! — Wahrhaftig, Vater,
ich kann nicht. Wir hatten dieserhalb doch schon sehr
eingehende und ernste Unterredungen, die meinen Entschluß
nicht zu erschüttern vermochten; ersparen Sie daher mir
und Ihnen eine Wiederholung dieser fruchtlosen Aus=
einandersetzungen. Wenn Sie wirklich Ihr Portefeuille
dadurch einbüßen, so mögen Sie sich trösten, nichts Be=
sonderes verloren zu haben; denn wenn so kleinliche Hof=
intriguen schon im Stande sind, Ihre Stellung zu er=
schüttern, so —"

„Genug!" unterbrach ihn der Minister. Er sah ein, daß ihm ein unumwundenes Geständniß nicht erspart bleiben konnte. „Du irrst mit Deiner Vermuthung über den Beweggrund meines Entlassungsgesuchs, das vollständig meinem eigenen Willen entspringt. Diesen Beweggrund Dir mitzutheilen und des Näheren zu beleuchten, ist jetzt meine Absicht. Setze Dich dort in jenen Stuhl und höre, was ich Dir zu sagen habe. Bereite Dich immerhin auf etwas sehr Unerwartetes und — Unerfreuliches vor, das Deinem Lebenswege wie auch meinem Verhältnisse zu Dir eine bedeutende Wendung zu geben geeignet ist."

Seine Stimme klang bei den letzten Worten hohl und gebrochen. Herbert wollte sprechen, aber die zitternde Handbewegung des Vaters ließ ihn verstummen. Er nahm auf demselben Sessel Platz, der am Morgen dem Notar Trenner als Sitz gedient hatte, und sah dem Kommenden mit begreiflicher Spannung und einem beklemmenden Bangen entgegen.

„Vorerst," fuhr Wernshausen nach einer kleinen Pause fort, „muß ich auf einige Jahre in unserer Familiengeschichte zurückgreifen; erschrecke nicht und verdamme mich noch nicht sogleich, wenn ich Dir einige Geständnisse — etwas delikater Natur zu machen gezwungen bin. Du wirst wissen, daß unser Geschlecht, ich meine die direkte Linie Wernshausen, durch die Franzosenkriege am Anfang unseres Jahrhunderts sehr verarmte, so daß die beiden letzten Grafen Wernshausen ihren Söhnen — Egon, dem Vetter, und mir — fast gar kein Vermögen hinterlassen konnten. Wir mußten Beide in den Staatsdienst treten, der Eine als Offizier, der Andere als Diplomat, und waren dabei fast ganz auf die Unterstützung des Onkels aus der weiblichen Seitenlinie, des Fürsten Salvator auf Eichenburg und Goseck, angewiesen. Der Fürst, der uns schon nach dem frühen Tod unserer Väter unter seine Vormundschaft nahm, übte auf uns und unseren Lebensweg begreiflicher Weise einen Einfluß aus, dem wir uns nicht entziehen konnten. Ich will jetzt nicht Unschuldige anklagen, aber wäre der Onkel etwas weniger hart gegen mich gewesen, ich stünde heute gewiß nicht so vor Dir, wie ich nun muß! Im Gegensatze zu der Härte also, die mir der Fürst des Oefteren bewies, war Egon sein erklärter Liebling, vielleicht weil dieser zur Zeit, da er als kaum zehnjähriger Knabe in das Haus des Onkels kam, sich mehr an den oft sehr wunderlichen Vormund anschloß, während ich, der um gute elf Jahre Aeltere, mit etwas selbstständigeren Ansichten oft mit denen des Onkels in Konflikt kam. Genug, ich fand im Fürsten Salvator nur einen Zuchtmeister, Egon aber einen väterlichen Freund. Er verbrachte die Ferienzeit, die ihm die Kadettenschule gönnte, stets auf Goseck beim Onkel, wo er die liebevollste Aufnahme fand. Ich vollendete indeß in Paris meine Studien. Du kannst Dir denken, wie unangenehm mich eines Tages ein Brief des Fürsten überraschen mußte, in welchem mir die Nothwendigkeit nahegelegt wurde, mich zu verheirathen. Der Fürst hatte auch bereits, ohne nur im Geringsten meinen eigenen Willen in Rücksicht zu ziehen, eine Braut für mich gewählt: Leonore v. Lanckenau. Deine Mutter war die Enkelin eines ihm befreundeten Generals, welcher vor Kurzem gestorben war und das Mädchen als unversorgte Waise zurückgelassen hatte. Onkel Salvator glaubte sich nun dem alten Waffengenossen gegenüber noch nach dessen Tode nicht besser für geleistete Freundschaftsdienste revanchiren zu können, als indem er seiner Enkelin den Neffen zum Manne gab. Nun, ich sah ein, daß es mir nichts nützen würde, gegen diese Verbindung zu protestiren, und so fügte ich mich dem Willen des Fürsten.' Ich kehrte von Paris zurück, lernte hier in der Residenz die mir zugedachte Braut kennen und vermählte mich mit ihr. Der Fürst verschaffte mir eine Stellung bei unserer Botschaft in Brüssel, wohin ich bald darauf mit meiner Gattin übersiedelte. Unsere Ehe war ein gleichgiltiges Nebeneinanderhergehen, das beide Theile nicht gerade belästigte, aber auch Keines beglückte. Wir konnten einander eben nicht verstehen, und ich glaube, wir versuchten es auch nicht einmal. Dieses gezwungene Verhältniß erhielt auch keine Aenderung, als Du nach etwa vier Jahren das Licht der Welt erblicktest. Ich versenkte mich ganz in die Geschäfte meines Amtes und suchte den Aufenthalt in meiner Familie nach Thunlichkeit zu vermeiden. Das ging so an die sieben Jahre, bis ich zur Dresdener Gesandtschaft versetzt wurde. Ich reiste voraus nach der sächsischen Hauptstadt, um daselbst erst festen Boden zu gewinnen, mich über meinen bei Weitem ausgedehnteren Wirkungskreis zu informiren und für meine Familie nach einem passenden Domizil zu suchen. Ich beeilte mich nicht sonderlich mit der Abwickelung dieser Geschäfte. Ueberdies verging mir die Zeit des ersten Aufenthaltes in Dresden sehr angenehm.

Der Fürst Salvator hatte eine ausgebreitete Bekanntschaft in der Dresdener Aristokratie, in die ich mich durch seine Empfehlungen einführte. Besonders war es eine ver= wittwete Frau v. Carlowitz, in deren Hause ich mit Vor= liebe verkehrte, denn hier fand ich bald —"

Wernshausen stockte und strich sich mehrere Male über die hohe, gelichtete Stirn, ehe er sich genügend gesammelt hatte, um fortzufahren:

„Jene Frau v. Carlowitz hatte auf die Bitte des Fürsten Eichenburg eine Art Beschützeramt über die etwa zwanzig= jährige Aurelie v. Stürmer übernommen, die in einer der vornehmsten Pensionen der sächsischen Residenz erzogen wurde und natürlich sehr oft im Hause der Frau v. Carlowitz verkehrte."

„Aurelie v. Stürmer," wiederholte Herbert langsam, „das war die spätere Tante und — Stiefmutter Aurelie?"

„Ja. Aurelie war mit dem Fürsten Salvator entfernt verwandt und, wie ich und Egon, von ihm abhängig. — Nun, um kurz zu sein, ich lernte Aurelie kennen und — lieben, ehe ich mir noch über mein Gefühl eigentlich klar ward. Wie hätte ich mich auch gegen diese mächtige Neigung schützen, wehren sollen, ich, der ich — damals bereits vierzig Jahre alt — die wahre Liebe noch nicht kennen gelernt hatte. Aber man sagt nicht umsonst, daß sich eine solche Verspätung furchtbar rächt. Es entwickelte sich eine Leidenschaft in mir, die noch bedeutend gesteigert wurde, als ich bei Aurelie eine Erwiederung meiner ver= zehrenden Gluth zu bemerken glaubte. — Herbert, ver= damme mich nicht, Du vermagst es wohl kaum zu er=

messen, wie tief eine solche Leidenschaft im Herzen eines gereiften Mannes wurzelt. Ich stand der brennenden Liebe zu jenem herrlichen Wesen mit allen meinen Grundsätzen machtlos gegenüber, ich war bereit, ihr Alles zu opfern. Jetzt erst fühlte ich, wie schal, wie öde meine Ehe war, wie gräßlich ich mein Leben durch die Fügsamkeit in den Willen des alten Fürsten verpfuscht hatte, und mit dieser Erkenntniß regte sich auch eine wilde Widerstandslust in mir, ich wollte die mir nun tausendfach verhaßten beengenden Fesseln, die mich an ein ungeliebtes Weib ketteten, abwerfen, um jeden Preis nach dem Besitz Aureliens streben, die nun mein ganzes Denken und Fühlen beherrschte. Aurelie war von mir schon halb und halb überredet zu dem von mir beschlossenen Schritte; ich hatte Frau v. Carlowitz von meinen Absichten vollständig unterrichtet und schrieb endlich kurzweg an den Fürsten Salvator, daß ich entschlossen sei, gegen meine Frau die Scheidung wegen unbesiegbarer Abneigung einzuleiten, um mich für immer mit der Heißgeliebten zu verbinden."

„Der Fürst," sagte Herbert gepreßt, „verweigerte natürlich seine Einwilligung?"

„In der entschiedensten Weise. Zur gleichen Zeit, als ich seinen sehr derben Brief erhielt, der mir unter Androhung seines höchsten Zornes und Entziehung aller Unterstützung befahl, nicht nur von meiner Absicht abzustehen, sondern auch sofort meine Frau und meinen Sohn nach Dresden zu berufen — zur selben Zeit empfing Aurelie einen nicht minder energisch gehaltenen Befehl, ungesäumt die Pension und das Haus der Frau v. Carlo=

witz zu verlassen und nach Goseck zu kommen, wo er seine Verfügung über ihre Zukunft zu treffen gedächte. — Ich mußte mich fügen, die Geliebte in Verzweiflung nach Goseck ziehen lassen und Frau und Kind zu mir berufen!"

„Arme Mutter!" murmelte Herbert vor sich hin.

„Jetzt war mir meine Ehe zur Hölle geworden. Aber meine entsetzliche Lage sollte noch furchtbarer werden. Aurelie, mit der ich trotz des fürstlichen Befehles in heimlichem Briefwechsel stand, zeigte mir etwa drei Monate nach unserer gezwungenen Trennung an, daß Vetter Egon, der zufällig auf Urlaub in Goseck verweile, eine heftige Leidenschaft für sie gefaßt zu haben scheine, die der Fürst begünstige. — Jetzt war das Maß meines Elends voll; ich konnte mich nicht länger halten. Ohne Urlaub zu nehmen, ohne mich von meiner Familie zu verabschieden, reiste ich direkt nach Goseck; ich wußte anfangs nicht einmal ganz genau, was ich eigentlich damit bezwecken wollte, aber eine innere dämonische Macht trieb mich, auf den Schauplatz zu eilen, auf welchem meine letzten Lebenshoffnungen vollständig zertreten werden sollten. — Ich kam auf dem Gute an, beschwor den Onkel, mich nicht zur Verzweiflung zu treiben — vergebens, der Fürst wetterte und fluchte und erklärte kategorisch, Egon hätte ein weit größeres Anrecht, dem Zuge seines Herzens folgen und sich um Aurelie bewerben zu dürfen. Egon war mir durch die offenkundige Bevorzugung, die er von Seite des Fürsten genoß, nie besonders sympathisch gewesen, aber jetzt besiegte ich die alte Abneigung, meinen Stolz; ich

flehte ihn an, von seiner Bewerbung abzulassen, Aurelie
könne ihn ja doch nimmer lieben, weil ich und sie für
alle Ewigkeit mit den festesten Banden aneinander ge=
schmiedet wären. Er lachte mir in's Gesicht, nannte mich
einen alten Thoren, und warf mir schließlich Pflicht=
vergessenheit, Undankbarkeit gegen den Onkel und Ehr=
losigkeit vor. Ich war geradezu besinnungslos vor Wuth,
hätte sich Aurelie nicht zwischen uns geworfen, ich hätte
Egon zu Boden geschlagen. Später hatte ich mit ihr
eine geheime Auseinandersetzung, ich wollte sie zur Flucht
über den Ocean bereden, aber sie schien durch die hart=
näckigen Vorstellungen des alten Fürsten bereits mürbe
gemacht, sie bat mich, zu entsagen, meiner einmal unab=
weislichen Pflicht zu gehorchen — kurz, mir ward jede Hoff=
nung für immer abgeschnitten. — Ich reiste also, Wuth,
Verzweiflung und glühenden Rachedurst im Herzen, wieder
nach Dresden in das mich anwidernde Heim zurück.
Noch im selben Herbste erhielt ich vom Fürsten aus Goseck
die kurze und formelle Anzeige, daß Egon sich mit Aurelie
vermählt habe und mit ihr nach seiner Garnisonsstadt
abgereist sei. — Laß mich einen Schleier über die Höllen=
qualen der nun folgenden fünf bis sechs Jahre breiten;
ich erstaune heute noch darüber, daß ich sie ertragen habe.
Aber ich wurde nach und nach, wenigstens nach Außen
hin, ruhiger; meinen Gram versenkte ich in den tiefsten
Winkel meines Herzens, wo er verborgen, aber stets le=
bendig weiterfraß. Ich hörte nichts mehr von Egon und
seiner Frau, ich bemühte mich sogar zuweilen wirklich, die
Erinnerung an Aurelie aus meinem Gedächtnisse zu ver=

wischen, aber insgeheim lebte ein nicht ganz klares Gefühl in mir, das fast Hoffnung zu nennen war; mir war's, als wäre dieses Drama noch nicht ausgespielt, als hätte ich noch eine Wendung zu erwarten. Nun, diese Wendung trat endlich ein; es sind jetzt fast vierzehn Jahre her. Deine Mutter lag auf einem Krankenlager, von welchem sie sich nicht mehr erheben sollte; die Stunde, in welcher sie unserer Kamilla das Leben gab, war ihre letzte. Das Antworttelegramm auf meine Nachricht nach Goseck über Leonorens Tod enthielt die Meldung von dem Hinscheiden des Onkels; Fürst Eichenburg war kaum vierundzwanzig Stunden nach dem Ableben meiner Frau gestorben. Ein seltsamer Zufall, in welchem ich fast den Finger der Vorsehung zu erkennen glaubte: die mir aufgezwungene ungeliebte Gattin war beinahe zur selben Zeit verschieden, als der Onkel, der Despot, der mich mit eisernem Willen an sie gekettet hatte."

Herbert war schon seit geraumer Zeit in peinvoller Unruhe auf seinem Sitz hin und her gerückt; nun konnte er sich nicht länger halten.

„Verzeihen Sie, Vater," brach er hervor, „weshalb erzählen Sie mir hier diese Dinge, die ich zwar schon früher halb und halb errathen zu haben glaubte, die aber nun in einer so offenen Darlegung aus Ihrem Munde mich doppelt peinlich berühren?"

„Ich kann nicht anders," entgegnete der Minister gepreßt, „ich muß Dir meine Vergangenheit enthüllen — als Einleitung zu einem noch weit entsetzlicheren Geständniß. Ich bitte Dich, Herbert, fasse Dich und höre mich gebulbig weiter an; ich kann, ich darf Dir nichts ersparen in meinen qualvollen Bekenntnissen."

Herbert schüttelte befremdet das Haupt und heftete seinen Blick auf den Teppich unter seinen Füßen. Der Minister holte einige Male tief Athem und wischte sich den Schweiß vom Gesichte, ehe er in seinen Eröffnungen fortfuhr.

„Du wirst Dich noch erinnern können, daß wir am selben Tage, an welchem wir die Mutter zu Grabe geleiteten, die Reise nach Goseck antraten, wohin mich ein Brief Egon's berief. Fürst Eichenburg war nämlich ohne Testament gestorben, und wir, seine einzigen direkten Erben, sollten nun seine Hinterlassenschaft nach eigener Uebereinkunft zwischen uns theilen, wozu unsere Anwesenheit auf dem Majorate unbedingt nöthig erschien. Gleich nach der Trauerfeier — man hatte mit der Beerdigung des Fürsten bis zu unserem Eintreffen gewartet — machte ich mich mit Egon daran, den Nachlaß zu ordnen. Unser Verhältniß zu einander war, wenigstens äußerlich, ein ganz ungezwungenes und herzliches. Aber ich hatte meinen alten Groll und den Racheschwur von damals nicht vergessen, als ich umsonst vor dem Lieblinge des Onkels um mein Glück bettelte. Ich sah Aurelie wieder, die mit ihrem Knaben dem Gatten nach Goseck gefolgt war, ich sah sie wieder, und das Jahre hindurch so sorgsam zurückgedrängte Gefühl einer schier übermenschlichen Leidenschaft zu ihr erwachte mit verdoppelter Macht in meinem Innern. Ich war nun schon sechsundvierzig Jahre alt geworden, der Kummer um mein verbittertes Leben hatte meinem Gesichte Falten eingegraben, mein Haar war schon ergraut, ich stand an der Schwelle des Alters, aber die unsinnige Leidenschaft für die Einziggeliebte, für Aurelie, machte mich zum feurigen Jüngling, mein Herz brannte in hellster Lohe und gab meinem Geiste Muth und Kraft, nochmals das Aeußerste an den Besitz des angebeteten Weibes zu setzen. O, jetzt war mir ja nochmals die Aussicht dazu geboten; der Onkel, der Peiniger, und meine Frau — sie waren nicht mehr, ich konnte mich als frei und ungebunden betrachten . . . ja, Aurelie mußte mein werden um jeden Preis!"

„Und Onkel Egon?" warf Herbert erschreckt ein.

„Ja, er war das einzige Hinderniß, das sich mir in den Weg stellte. Ich grübelte ganze Nächte darüber, mein Haß gegen ihn erhielt neue Nahrung, mein ganzes Denken war nur zwischen der Liebe zu Aurelie und dem glühenden Racheburst gegen ihn, den Räuber meines Glückes, getheilt!"

Noch jetzt, als Wernshausen in jenen Erinnerungen wühlte, durchflammte ihn die alte Leidenschaft; sein Auge funkelte, seine Brust keuchte, und die Hände ballten sich krampfhaft, als hätten sie nochmals den Verhaßten zu vernichten. Der Minister war entschieden einem Gefühl der Reue niemals entfernter gewesen, als gerade jetzt, wo sich ihm das ganze Bild der entschwundenen Sturmzeit vor dem geistigen Auge aufrollte.

„Wir machten uns zusammen daran, die Papiere des Onkels zu untersuchen," fuhr er, nachdem er sich mühsam wieder beherrscht hatte, fort; „im Schreibepult, das in seinem Sterbezimmer stand, fanden wir nach sorgfältiger Durchsuchung einen ziemlich umfangreichen Brief: ‚An den Major Graf Egon v. Wernshausen' adressirt. Das Schreiben trug kein Datum, aber da Egon erst vor Kurzem zum Major befördert worden war, mußte es der Fürst wenige Tage vor seinem Tode abgefaßt haben. — Warte, ich kann Dich das Schriftstück selbst lesen lassen, denn ich habe es aufbewahrt, trotzdem es weit mehr in meinem Interesse gelegen hätte, es zu vernichten nach — der Katastrophe."

„Welche Katastrophe meinen Sie? Den unglücklichen Sturz Onkel Egon's?"

„Später, später," sagte der Minister gepreßt und öffnete mit einem kleinen Schlüssel eine durch ein kunstvolles Bezirschloß versperrte Schieblade im Schreibtische. Als er so in den Bereich des Lichtscheines trat, den die einzige Kerze auf dem Leuchter ausstrahlte, erschrak Herbert heftig vor dem Gesichte des Vaters. Er sah seine Mundwinkel zucken, die Hände, die in dem Fache nach dem Gesuchten tasteten, zittern.

„Ah, hier!" stieß Wernshausen endlich hervor und entfaltete einen großen, schon etwas vergilbten Papierbogen, den er rasch überflog und dann seinem Sohne reichte. „Lies diesen Akt — laut, ich werde dadurch vielleicht den Muth gewinnen, meine Bekenntnisse mit der bisherigen Offenheit fortzusetzen.

Herbert nahm mit einigem Widerstreben das Schriftstück, das ihm eine unerklärliche Scheu einjagte. Er schob den Armleuchter näher zu sich heran und las, während sich der Minister wieder in das Dunkel seiner Fensternische zurückzog.

„Mein lieber Egon, Sohn meiner vielgeliebten jungen Schwester! Wenn man vom Flügelschlag des Todesengels gestreift wird, fühlt man das Bedürfniß, seine zeitlichen Angelegenheiten zu bestellen und sich vorzubereiten auf einen wohlgeordneten Rückzug von dem Schlachtfelde unseres irdischen Daseins. Wohl uns, wenn wir in dem ausgefochtenen Kriege die Wahlstatt mit Ehren als Sieger verlassen, wenn unsere strategischen Fehler gering und unbedeutend genug sind, um uns nicht die Conduiteliste beim Herrn über alle Kampfplätze zu verderben.

Ich habe Dich, mein Egon, mit der ganzen Innigkeit eines sonst vereinsamten Herzens geliebt. Aber heute, an der Schwelle des Reiches, wo ewiger Frieden herrscht, kommt ein banger Zweifel über mich; ich muß mich fragen, ob ich Dich nicht etwa zu sehr geliebt habe, das heißt Deinen Vetter Wladimir Deinethalben zu wenig mit der Fürsorge bedacht habe, die ich euch zur Zeit, als ich euch Beide unter meine Obhut nahm, zu gleichen Theilen zu widmen gedachte. Nun, man kann seinem Herzen nicht immer befehlen. Aber eben diese Erkenntniß läßt es mich schwer empfinden, daß ich gerade an ein fremdes Herz solche Anforderungen gestellt habe. Wladimir hat mir schwere Bitterniß zu danken, die ich ihm durch energische Ansprüche an seine Entsagung bereitete. Doch ich kann mich entschuldigen mit der guten Absicht, mit dem Festhalten an ehrenhaften Grundsätzen, die mich dabei geleitet. Für das etwaige Zuviel kann der ewige Richter nicht mit mir rechten, wenn ich es bereue und dieser Reue dadurch Ausdruck gebe, daß ich gewisse Verfügungen umstoße, die ich zu Ungunsten Wladimir's getroffen habe.

Als Du Dich mit Aurelie vermähltest, war mein Zorn über Wladimir's Gebahren so rege, daß ich ein Testament aufsetzte, welches ihn so gut wie enterbte. Heute will ich den Groll gegen ihn begraben; er soll nicht verkürzt werden. Ich will daran gehen, statt des früheren, nun vernichteten Testamentes ein neues zu errichten.

Um nun nach jeder Hinsicht mit dem Irdischen abzuschließen, muß ich Dir noch eine Art Familiengeheimniß anvertrauen, an welches sich mein letzter Wille knüpft. Wohl könnte ich Dir dasselbe verschweigen, aber es wäre möglich, daß ein Zufall, bauliche Veränderungen, die Du einmal an dem Schlosse vornehmen wolltest, das Geheimniß Dir entdeckten, dessen Geschichte Du dann nicht kennen würdest.

In dem großen Bücherschrein des Schlafzimmers wirst Du einige dickleibige Folianten auffinden: Werke über Alchemie, Magie und ähnliche zweifelhafte Wissenschaften; verbrenne sie nicht, denn sie sind das Andenken an meinen Vater, den Fürsten Hieronymus, der sich anno 1768 dieses Schlößchen neu erbauen ließ, in welchem ich im Jahre 1773 das Licht der Welt erblickte. — Mein Vater beschäftigte sich in übergroßem Eifer mit jenen geheimen Künsten, die damals zahlreiche Verehrer und Anhänger hatten. Er rechnete sich zu den sogenannten „Adepten", welche den Stein der Weisen gefunden haben wollten, mit welchem sie die Goldmacherkunst betrieben. Nun, so viel ich weiß, hat diese Liebhaberei des Vaters nur weiblich Gold verschlungen, statt solches hervorzubringen. Er ließ sich hier auf Goseck eigens ein Laboratorium bauen, in welchem er mit einem Gehilfen oder Lehrer, was weiß ich — jedenfalls einem abgefeimten Industrieritter, einem echten wälschen Windbeutel — seine Studien betrieb. Dieses Laboratorium, das er vor aller Welt geheim zu halten wünschte, war unter einem Theil des Schlosses und unter einem Theil des daran stoßenden Parkes angelegt. Der Zugang war nur von der Bibliothek aus, wo eine geheime Treppe hinabführt in das unterirdische Gelaß. Die Luft wurde durch Oeffnungen eingeleitet, die an einigen verborgenen Stellen des Parkes an die Oberfläche des Erdbodens mündeten.

Dieses Laboratorium besteht heute noch, und ich will es auch für die Zukunft als ein Heiligthum der Familie gehütet wissen, denn mein Vater hat in jenem Raume das Zeitliche gesegnet. Er muß schließlich doch zur Einsicht gekommen sein, daß ihn der Alchemist nur zum Narren gehabt, denn ich erinnere mich noch ganz gut, daß derselbe eines Tages zum Hause hinausgejagt wurde. Aber der Vater schien trotzdem mit dem Vertrauen in den Quacksalber nicht auch das Vertrauen zur ganzen Goldmacherwissenschaft verloren zu haben, denn er stürzte sich eifriger als je in seine Experimente und verließ das Laboratorium fast gar nicht mehr. Die Leute in der Umgegend behaupteten steif und fest, der Schloßherr von Goseck habe den Verstand verloren, und ich — Gott verzeihe mir's — ich kann mich heute dieses Verdachtes ebenfalls nicht erwehren. Wir, das heißt mein älterer Bruder und ich, fanden den Vater eines Morgens todt in dem Gewölbe; die Glasscherben von Retorten, die rings umher lagen, ließen auf eine Explosion schließen; die luftdichte Thür, die nicht einmal den leisesten Schall auf die Wendeltreppe des Gewölbes gelangen ließ, war, wie gewöhnlich, geschlossen gewesen, und der Luftlöcher mochten wohl in dem unheimlichen Gelasse zu wenig gewesen sein, um den explodirenden Gasen und Dämpfen rasch genug den Abzug zu gestatten. So war unser Vater während der Nacht elendiglich erstickt. Dies geschah in der Nacht vom 8. auf den 9. September 1794. Gott sei seiner armen Seele gnädig!

Vom Gesinde wußte nur ein alter Diener, der dem Vater aufwarten mußte, etwas von der Existenz jenes geheimen Laboratoriums. Wir wollten dem Gerüchte vom bedenklichen Treiben des Schloßherrn keine weitere Nahrung geben und klärten deshalb auch jetzt noch nichts nach jener Hinsicht auf. Der Dorfarzt bewies in überaus wohlgesetzter Rede, Seine durchlauchtige Gnaden seien einem Schlaganfalle erlegen — und dabei blieb es auch für alle Trauergäste, die dem Leichenbegängnisse beiwohnten. Im Dorf freilich schwor man Stein und Bein, den Fürsten habe der leibhaftige Gottseibeiuns erwürgt. — Bruder Dietrich, der nun Majoratsherr geworden, wollte das ganze Gewölbe vermauern lassen; er hatte schon damit angefangen, daß er alle die Oeffnungen, die in das Gelaß hinabführten, verstopfen ließ. Ich konnte ihn aber noch rechtzeitig überreden und davon überzeugen, daß das Gewölbe doch immer eine interessante Merkwürdigkeit bot und in Kriegszeiten und sonstigen Fährlichkeiten ganz gut als Versteck für Menschen oder Geld und Kostbarkeiten bienen konnte, und so blieb das Laboratorium erhalten. Dir, Egon, vertraue ich es an; halte es in Ehren! — Wenn Du die Folianten aus dem untersten Fach des Bücherkastens alle hervornimmst, so wird Dir in der rechten Ecke hinten ein kleiner eiserner Bolzen auffallen; ziehe ihn heraus, und Du kannst dann den Schrein ohne sonderliche Anstrengung gleich einer Thür öffnen, denn er läuft auf Rädern und ist mit der geheimen Thür zur Treppe eins. Steigst Du die Schneckenstiege im Gemäuer hinab, so kommst Du schließlich an die dicke Hebethür, die in's Laboratorium führt; hüte Dich aber wohl, daß diese Thür, nachdem Du den unterirdischen Raum betreten, nicht hinter Dir zufalle, denn es könnte leicht sein, daß der Mechanismus, der das dicke Eisengefüge von innen öffnet, durch Rost und sonstige Zerstörung der Zeit verdorben wäre, und Du wärest dann unrettbar verloren, denn kein noch so starker Schrei bringt durch die Thür nach außen.

Nun sei mir noch tausendfältig gegrüßt und gesegnet! — Fernere Bestimmungen über meinen letzten Willen magst Du später in meinem Testamente nachsehen. Ich hoffe, daß Gott mir noch so lange Frist hier auf Erden gewähren werde, um noch dieses letzte Geschäft in Ordnung zu bringen. Wladimir magst Du sagen, ich hätte ihm in meiner letzten Stunde verziehen.

Dein getreuer Onkel Salvator."

„Er hat mir verziehen!" wiederholte der Minister in schneidendem Tone, als Herbert zu Ende gelesen hatte. „Der gütige Mann! Aber ich konnte ihm nicht verzeihen — kann es selbst heute noch nicht! — Heute noch weniger als damals," setzte er dann halblaut hinzu, als spräche er mehr zu sich selbst.

„Und fand man das in diesem Schreiben erwähnte Testament des Fürsten, in welchem er sein Unrecht gut zu machen suchte?" fragte Herbert.

„Nein; entweder hatte der Onkel keine Zeit mehr gehabt, ein solches erneutes Testament aufzusetzen oder — er bereute es wieder und vernichtete es."

„Das Letztere kann ich kaum glauben, denn dann würde der Fürst wohl auch die darauf bezüglichen Punkte in diesem Briefe geändert, oder das ganze Schreiben neu verfaßt haben."

Der Minister zuckte die Achseln und schwieg.

„Sie haben sich also mit Egon auf gütlichem Wege über die Vertheilung der Erbschaft geeinigt?"

„So ziemlich. Goseck hätte als Majorat allerdings nach dem Gesetze mir, dem Aelteren zugesprochen werden müssen, während Egon behauptete, es sei des Onkels Wille gewesen, daß er, Egon, es übernehme —"

„Das konnte er auch sehr wohl annehmen, denn dieser Brief des Fürsten, der nur an Egon gerichtet ist, spricht, wenn auch indirekt, einen solchen Wunsch aus. Wem hätte der Erblasser die Geheimnisse des Schlosses denn sonst empfehlen können, als dem Besitzer desselben, seinem selbst erwählten Nachfolger? Ueberdies war doch auch des

Fürsten Verwandtschaft mit dem Onkel Egon eine nähere, als die —"

"Genug," unterbrach der Graf seinen Sohn, „das kommt ja nun hier nicht mehr in Betracht, wozu also darüber nutzlose Worte wechseln! — Wir schoben die Unterhandlungen in Betreff der Theilung des Erbes also noch auf. Das geheime Gewölbe, das uns der Verstorbene entdeckt hatte, erhitzte begreiflicher Weise unsere Phantasie nicht wenig. Wir hegten die Vermuthung, der Onkel habe vielleicht, im letzten Momente einen abweichenden Entschluß fassend, sein erwähntes, nicht auffindbares Testament in dem geheimen Laboratorium verborgen. Noch etwas Anderes kam dazu. Es schien uns wohl möglich, daß Eichenburg's Vater, der halbverrückte Fürst Hieronymus, an der Stätte, wo er seinen alchemistischen Passionen nachhing, wenn auch keine Schätze, so doch allerlei interessante Reminiscenzen zurückgelassen habe. Wir beschlossen daher, das geheimnißvolle Gewölbe in Augenschein zu nehmen."

Die Stimme des Grafen wurde hier fast tonlos, der keuchende Athem rang sich kaum los aus seiner Brust. „Wir wollten aber diese Untersuchung in einer der nächsten Nächte, ganz insgeheim unternehmen, um dem Wunsche des Fürsten gemäß die Kunde von diesem Laboratorium nicht in die Oeffentlichkeit bringen zu lassen. Kein Mensch außer uns Beiden wußte ja um das Geheimniß des Schlosses . . . ."

Die Stimme Wernshausen's versagte plötzlich.

„Mein Gott, was ist Ihnen, Vater?" rief Herbert

und wollte auf ihn zueilen, aber der Minister streckte seine Hände abwehrend gegen ihn aus.

„Bleibe, wo Du bist, Herbert, ich bitte Dich! Ich will nicht, daß Du mich berührst ... ich komme zu einem — gräßlichen Punkt!"

Mit einem raschen Entschlusse trat er bei diesen Worten an den Schreibtisch und blies die einzige brennende Wachskerze aus.

„Was thun Sie, Vater — was soll das?"

„Es ist besser so," stieß der Minister hervor, „ich kann Dich nicht sehen bei dem furchtbaren Geständniß, das ich Dir nun zu machen habe ... höre! — Die Nacht vom 1. auf den 2. Juli war von uns zur Ausführung unseres Vorhabens auserkoren. Wir zogen uns gegen Abend, wie schon oft vorher, in das Sterbezimmer des Onkels zurück und warteten, bis wir annehmen konnten, daß Alles im tiefsten Schlafe lag. Dann näherten wir uns dem interessanten Bücherschrank. Ich zog unter Hilfe Egon's die bewußten Folianten aus dem Fache, in welches sie eingezwängt waren. Als das Regal gesäubert war, griff ich in die uns bezeichnete Ecke; ich stieß thatsächlich auf den Bolzen, zog ihn heraus — und wahrhaftig, wir konnten den Schrank ohne besonderen Kraftaufwand mit seinen Rollen von der Wand wegrücken; zugleich zeigte sich eine Oeffnung in der Wand, und wir konnten in einen uns schwarz entgegen gähnenden Raum blicken. Unter der Schwelle waren die ersten Stufen einer steil sich hinabwindenden Steintreppe sichtbar. Wir ließen zuerst den dumpfen, schwülen Moderduft einigermaßen verfliegen, dann war Egon der Erste, der endlich die Lampe vom Schreibtische nahm und vorsichtig vor sich hinleuchtend die Wendeltreppe hinabstieg. Ich folgte ihm mit einem schaudernden Gefühl, das mich unwillkürlich beschlich.

Am Fuße der Treppe erweiterte sich der enge Raum einigermaßen; wir sahen uns einer Art Fallthür gegenüber, die sich in einem schrägen Winkel zur Erde neigte. Egon rüttelte daran, aber sie blieb unbeweglich, gab nicht einmal auf unser Pochen den Klang von sich, der auf einen dahinter befindlichen leeren Raum hätte schließen lassen. Egon gab mir die Lampe zu halten und untersuchte die eiserne Thür genauer. Endlich fanden wir die beiden schweren Riegel und konnten sie, die halb eingerostet in den Kloben staken, zurückschieben. Nachdem wir noch eine Klinke aufgeschlagen, die mit der Reversseite der Thür in Verbindung war, gelang es uns schließlich, mit vereinten Kräften die schwere Klappe emporzuheben. An der Mauer war ein gezahnter, beweglicher Krahn angebracht, in welchem wir die Thür, die nicht ganz zurückzuschlagen war, befestigen konnten. Ein ziemlich steil abfallender Gang starrte uns entgegen und hauchte uns wieder den moderigen Brodem in's Gesicht. Wir untersuchten die Innenseite der dicken, zwischen ihren Eisenwänden vollständig massiv ausgegossenen Thür. Ein kleiner Hebel daran setzte die äußere Klinke in Bewegung, selbstverständlich aber nicht den Doppelriegel, der nur von außen geschlossen oder geöffnet werden konnte.

Die dumpfe Luft, die aus dem abschüssigen Gang heraufdrang, wurde uns unerträglich und drohte die Lampe zu

verlöschen. Wir mußten also vorläufig nochmals um=
kehren. Nachdem wir oben im Zimmer gewartet, bis sich
die schlechte, ein halbes Jahrhundert hindurch da unten
eingepreßte Atmosphäre verzogen hatte, machten wir uns
neuerdings auf; Egon wieder voran mit der Lampe, ich
dicht auf seinen Fersen. Als er schon einige Stufen auf
der Treppe hinabgestiegen war, wandte sich der Vetter
zu mir um: „Nimm den Armleuchter mit, Wladimir,
wir können die Kerzen vielleicht brauchen, wenn uns die
Lampe unten verlöschen sollte. Ich gehe einstweilen vor=
aus." — Damit stieg er weiter hinab. Ich wandte mich nach
dem Schreibtisch, um das Verlangte zu besorgen. Wäh=
rend ich die Kerzen anzündete, stieg eine nicht ganz klare,
aber furchtbare Idee in mir auf. Ich schüttelte mich,
als könne ich damit diesen Gedanken von mir abstreifen,
aber eine satanische Stimme wisperte mir unaufhörlich
etwas in's Ohr, das mich vom Scheitel bis zur Ferse
erbeben ließ. Wankenden Schrittes stieg ich, den Kan=
delaber hoch haltend, die Wendeltreppe hinab — Egon
nach. Bei jeder Stufe, die ich tiefer kam, steigerte sich
meine fieberhafte Anspannung, mein Schädel drohte mir
zu zerspringen unter dem einzigen Gedanken, der unaus=
gesetzt darunter glühte. Alle die Erinnerungen an meine
qualvollen Stunden, die ich dem Onkel und Egon zu
danken hatte, durchzogen mein Gehirn; die Gestalt Aure=
lien's lächelte mir so verführerisch zu, vollendete mit einer
bezeichnenden Geberde das, was sich als entsetzlicher Plan
langsam in meinen Gedanken zusammensetzte. Ein wilder
Rachedurst stieg in mir auf, eine Gier, die sich dämonisch

auf die Gestalt Egon's heftete, auf ihn, den ich als den eigentlichen Zerstörer meines Glückes betrachten mußte. Nun stand ich plötzlich unten vor dem Eingang in das Laboratorium. Ein schwacher Lichtschimmer drang aus dem geneigten Gang herauf — Egon hielt unten im Gewölbe Umschau. Meine Finger zuckten — ich fühlte mich vom Racheteufel ganz und gar erfaßt, aber ich wagte keinen Schritt, keine Bewegung, weil ich wußte, was dann geschehen mußte. Mein Blick starrte unbeweglich in den Gang hinab; der Moderduft, der heraufdrang, legte sich drückend um meine Sinne, ein eiserner Ring, der sich mit jeder Sekunde immer mehr zusammenzog, schien meine Kehle zu umschnüren; die Lichter meines Leuchters flackerten unruhig hin und her und färbten sich blutroth... Da wurde der Lampenschein vor mir deutlicher, greller — Egon erschien und blickte zu mir auf, als wolle er mich fragen, warum ich so lange säume; mein Auge war fest in das seine gebohrt, da sah ich ihn plötzlich erschrecken und erbleichen — wohl über den Ausdruck meiner Miene — er schien es jäh zu begreifen, was mich in diesem Moment bewegte. Er stieß einen schwachen Schrei aus und wollte heraufstürzen — da riß ein Dämon meine Hand, meinen Arm empor — ich fühlte den Krahn, der die Fallthüre hielt, in meinen Fingern — ein schweres, dumpfes Krachen, das im schaurigen Echo widerhallte — der Lichtschein von Egon's Lampe, der Gang vor meinen Augen war verschwunden — ich lag mit meinem Körper auf der eisernen Fallthür; vom Leuchter, den ich umklammert hielt, tropfte das heiße Wachs auf mich herab —

jeder Tropfen brannte wie glühendes Blei, wie eine wühlende Dolchspitze auf meinen Händen. Ich schwöre Dir, Herbert, wäre in diesem Augenblick nur der geringste Laut aus der Tiefe zu mir gedrungen, ein noch so schwacher Jammerschrei des Unglücklichen — ich hätte ihm geöffnet, ich hätte die Fallthür wieder aufgezogen. — Die lautlose Stille, die mich umfing, schien mir Hohn — Hohn auf mein schales, ödes Leben; der alte Haß flammte wieder in mir auf — ich stieß mit übermenschlichen Kräften den ersten — den zweiten Riegel in den Kloben — ich sah noch die Klinke sich rasend schnell bewegen — der Begrabene mußte unten wie wahnwitzig daran rütteln — aber jetzt war mein Mitleid erloschen; ich lächelte über das ohnmächtige Beginnen Egon's — ein unendlich befriedigendes Gefühl gesättigter Rache durchrieselte mich. Ich überzeugte mich nochmals, daß die Thür fest verrammelt sei, dann raffte ich mich auf — und stieg die Treppe empor."

Der Minister schwieg — auch Herbert unterbrach die Stille nicht einmal mit einem hörbaren Athemzug. So standen sich Vater und Sohn gegenüber — wortlos, ohne daß Einer den Anderen hätte sehen können.

„Warum sprichst Du nicht?" keuchte der Minister endlich hervor.

Herbert schwieg; nur das einförmige Ticken der Wanduhr war im ganzen Bibliothekzimmer vernehmbar.

„Höre weiter! — Ich hatte meinen Plan vollständig fertig, als ich in das Zimmer des Onkels zurückkehrte; es war, als hätte der unsichtbare Genosse, der da unten

im Gewölbe an meiner Seite stand und meinen willen=
losen Arm lenkte, den ganzen Plan für mich in aller
Schnelligkeit ausgeheckt und mir jetzt mit einem Male
eingeblasen. Mit vollkommener Ruhe schritt ich über
den Korridor und stieg die Hintertreppe nach dem Park
hinab; ich öffnete das Stallthor, legte Egon's Rappen,
den er oft zu seinen nächtlichen Spazierritten bestieg,
Sattel und Zaumzeug auf und zog ihn mit mir hinaus —
durch den Garten — hinaus auf die Straße — der
Teufelsschlucht zu. Hart am Abhange blieb ich stehen
und lauschte nach allen Seiten — allenthalben feierlichste
Ruhe, nur der Nachtwind raschelte im Gezweig der Bäume
und Sträucher, vom Grund der Schlucht tönte das Ge=
tose des wilden Wassers herauf. Der Mond verkroch sich
hinter einer Wolke, aus dem thaufeuchten Moos, das den
Rand der Schlucht bedeckte, schienen Nebel emporzusteigen,
welche sich dumpf auf meine Brust legten. Ich zitterte
an Händen und Füßen, aber ich mußte mein Werk voll=
enden, wenn es mich nicht verderben sollte. Ich raffte
mich auf und schüttelte den frostigen Schauer von mir
ab; ich trieb den Rappen mit der Peitsche vorwärts —
er bäumte sich wild auf und scheute vor dem Abgrund —
aber ein neuer sausender Hieb mit Egon's Reitgerte, ein
jäher Stoß — das Pferd machte einen gewaltigen Satz
und verschwand in der Tiefe... Das Uebrige ist Dir
bekannt; man suchte Egon am nächsten Morgen, ich selbst
führte die Leute zur Schlucht, zog Egon's Reitpeitsche
aus dem Versteck im Gebüsch, in welches ich sie gebracht
hatte — hob einen mitgebrachten Handschuh von ihm wie

zufällig zwischen den halb im Moos verborgenen Steinen auf — ein glückliches Ungefähr war mir soweit zu Statten gekommen, daß der Kadaver des Reitpferdes auf einem noch sichtbaren Felsenvorsprung hing — kurz, es war sofort in die Augen springend: Major Egon v. Wernshausen ist nächtlicher Weile sammt seinem Thiere in die Schlucht gestürzt."

Wieder hielt der Minister inne, als warte er auf eine Aeußerung seines Sohnes.

„Vater," begann dieser endlich, „Sie haben mich mit Ihren furchtbaren Eröffnungen für immer in meinem Innersten gebrochen. Ich wage es jetzt kaum mehr, dem geringsten Bettler in's Auge zu blicken!"

„Was würdest Du erst sagen, mein Sohn," fuhr der Minister leise fort, „wenn meine Schuld — das schwere Geheimniß der Familie Wernshausen — der Oeffentlichkeit preisgegeben würde?"

„Wie?" schrie Herbert auf. „Ist dies möglich? Also darum jenes Demissionsgesuch, darum Ihr Bekenntniß mir gegenüber? Sie sind entdeckt, der Makel unseres Hauses ist offenkundig? — Sprechen Sie! Oder soll ich Ihr Schweigen als die fürchterliche Bejahung deuten? O, dann bleibt uns Beiden nichts übrig, als —"

„Beruhige Dich, Herbert, noch ist dieser äußerste Fall nicht eingetreten — aber wir stehen vielleicht nicht weit davon — wenn Du Dich nicht in's Mittel legst."

„Wie das? Sprechen Sie, Vater!"

„Höre weiter! — Du weißt, daß ich die Gräfin Aurelie ein Jahr, nachdem sie Wittwe geworden, als meine zweite

Gattin heimführte, Du weißt, daß Aurelie von dem Tage an als geistig gestört galt, an welchem sie das einzige Kind Egon's, ihren Hans, verlor, der höchst wahrscheinlich wirklich in die Teufelsschlucht gestürzt ist, in deren Umgebung er so gern spielte. — Genug, über diese ganzen Geschichten hat die Zeit Gras wachsen lassen; Hans wurde mit seinem Vater gerichtlich für todt erklärt; das Familiendrama gerieth nach und nach in Vergessenheit — bis vorige Woche die arme Wahnsinnige starb... Ich wußte nicht, daß der Grund zu ihrer Geistesstörung schon ein Jahr vor dem Verlust des Knaben in sie gelegt worden war, ich hatte keine Ahnung, daß Aurelie — das Geheimniß von Egon's Tod kannte..."

„Wie? Die Stiefmutter wußte darum?"

„Sie hatte es errathen. O, wenn ich nur die leiseste Idee von ihrer Mitwissenschaft gehabt hätte! Sie hinterließ ein Tagebuch — in ihrem Schreibtische, das gestern Dein Rechtsanwalt, der Doktor Trenner, auffand."

„Ah! — Und er hat gelesen, Alles erfahren?"

„Alles. Wir befinden uns wehrlos in seinen Händen, sind von seiner Gnade abhängig. Er droht, die furchtbaren Papiere zu veröffentlichen, meinen, Deinen Namen an den Pranger zu schlagen — wenn wir nicht die von ihm gestellte Bedingung erfüllen wollen, um seine Diskretion zu erkaufen."

„Was verlangt er?"

Wernshausen hielt einen Augenblick inne und überlegte, dann gab er dem Sohne einen genauen Bericht von der am Morgen zwischen ihm und dem Advokaten stattgehab=

ten Unterredung und nannte ihm den Preis, den Trenner für sein Schweigen bedungen hatte.

„Und Sie haben eingewilligt, in meinem Namen zu= gesagt?" stammelte Herbert, zitternd vor Zorn. Die Narbe an seiner Stirne färbte sich blutroth, seine Zähne knirschten.

„Nein, mein Sohn, das wollte ich Dir überlassen. Trenner gibt uns noch eine Henkersfrist — bis morgen Nachmittag. Alles liegt in Deiner Hand."

Herbert seufzte schmerzlich auf und schwieg. Der Minister trat langsam vor und steckte die Wachskerzen auf dem Armleuchter an.

„Nun, Herbert," begann er nach einer Pause, „wozu willst Du Dich entschließen, was gedenkst Du zu thun?"

„Lassen Sie mich das Gräßliche erst überdenken," sagte Herbert dumpf, mit dem vorgestreckten Arm seine Augen beschattend. „Sie selbst glaubten durch ein Ihnen vom Onkel zugefügtes Unrecht die Berechtigung zu einem Ver= brechen erworben zu haben — und verlangen nun dafür, daß ich, der Schuldlose, dafür mein ganzes Leben vergifte. Wenn ich nun die Verantwortung abweisen würde, wenn ich, unsere Familie ihrem von Ihnen heraufbeschworenen Schicksale überlassend, mit Irene fliehen wollte, vergessen wollte, daß auch ich den Namen eines Grafen v. Werns= hausen trage, den Sie für immer gebrandmarkt haben?"

Der Minister ließ den Kopf auf die Brust herab= sinken, er wagte es nicht, dem Sohne eine Gegenvorstellung zu machen, er fühlte, daß der ihm zugeschleuderte Vor= wurf ein nur zu gerechtfertigter sei; er fand keine Worte, die gegen ihn erhobene Anklage zu entkräften; voll und ganz empfand er die Bitterkeit eines Vaterherzens, das sich vor dem eigenen Kinde bemüthigen muß. Endlich zog er sich geräuschlos zurück und verließ das Bibliothekzimmer durch eine Seitenthür — den Sohn mit seiner Verzweiflung allein lassend.

Herbert hatte sein Taschentuch an die Augen gepreßt und athmete schwer. Er achtete nicht darauf, daß der Vater hinaus ging; stumpf überließ er sich seinem Schmerze, der ihn im Verlaufe von kaum einer Stunde im Innersten gebrochen hatte. Regungslos saß er da. Er bemerkte es auch nicht, als sich die Seitenthür wieder öffnete und der Minister, ein zartes Mädchen an der Hand führend, leise in's Zimmer trat.

Der Graf neigte sich zu dem Kinde herab, das mit seinen großen Augen erschreckt und verschüchtert auf Herbert sah, der da zusammengesunken auf seinem Stuhle saß.

„Gehe hin, mein Kind, umschlinge den Hals Deines Bruders," sagte Wernshausen leise, mit bebender Stimme, „und flehe ihn an, Barmherzigkeit zu üben; ich, Du, wir Alle, Kamilla, hängen jetzt von seinem Entschlusse ab."

Die Kleine wußte nicht, um was es sich handle, sie begriff nicht, was man eigentlich von ihr wollte, aber die wehmüthigen Worte des Vaters, der schmerzliche Gesichtsausdruck des Bruders, der jetzt seine Hände vom Gesicht herabsinken ließ und sie mit einem unbeschreiblichen Blick streifte — das Alles drängte sich in ihrem kindlichen Herzen zu einem ahnungsvollen Schmerz zusammen, der ihr die hellen Thränen in die Augen trieb.

„Herbert!" rief sie weinend und stürzte sich in seine Arme.

Die unaufhaltsam hervorbringenden Thränen erstickten ihre weiteren Worte. Herbert hielt das junge Mädchen krampfhaft mit seinen Armen umschlungen, während ihn selbst ein wildes Schluchzen erschütterte.

Der Minister wandte sich ab; er fühlte, daß er keinen Theil habe an dem geheiligten Schmerz des Geschwisterpaares, daß er ausgeschlossen sei aus dieser reinen Seelenvereinigung, in welcher die Kinder das Verbrechen ihres Vaters beweinten.

„Sei ruhig, Kleine," flüsterte Herbert endlich, sein Gesicht zärtlich auf das blonde Lockenhaupt der Schwester drückend, „Du sollst nichts von dem Leid erfahren, das meine Brust durchwühlt. Du sollst nicht mitgerissen werden in den Abgrund, Dein reines Herz soll nicht vergiftet werden, Du sollst glücklich werden!"

Kamilla verstand den Sinn der Worte nicht, welche der Bruder halblaut vor sich hin murmelte, sie errieth nur so viel, daß sie ihn umgestimmt habe, wie es der Vater von ihr verlangt hatte. Sie schlang beide Arme um seinen Nacken und küßte ihn.

Endlich machte sich Herbert sanft los, strich der Schwester die Haare aus der Stirne und stand auf.

„Komm, Du darfst nicht länger hier bleiben, an Dich soll unser Verhängniß nicht rühren können. Geh' hinüber zu Fräulein Pruck, es ist spät geworden."

Damit drückte er einen letzten Kuß auf Kamilla's Stirn und führte sie zur Thüre. Nachdem der leichte Schritt des Mädchens in dem Nebenzimmer verhallt war, wandte sich Herbert wieder um, nach dem Vater.

„Wenn ich mich überhaupt entschließen kann, das verlangte Opfer zu bringen, so danken Sie es diesem unschuldigen Kinde," sagte er ernst, und ohne den Minister anzusehen, verließ er das Zimmer.

## Zwölftes Kapitel.
### Der Freund.

Richard Vollbrecht saß in der nun von ihm allein bewohnten Mansardenstube des Rübenhofes, eifrig mit seiner Tagesarbeit beschäftigt, welche ihm wenig Zeit ließ, über die entschwundenen schöneren Zeiten nachzusinnen.

Der junge Schriftsteller hatte endlich Muße gefunden, sich seiner Lieblingsidee zu widmen, den Roman fortzusetzen, das Werk, auf welches er die schönsten Hoffnungen setzte.

Aber je mehr der Nachmittag vorrückte, desto mehr schien Richard's Arbeitslust zu erlahmen. Immer öfter hob er den Kopf vom Papiere und sah vor sich hinaus durch's Fenster zum Herbsthimmel empor. Und wenn er sich dann gewaltsam zwang, wieder zur Arbeit zurückzukehren, so konnte er sich doch keinen neuen Eifer einimpfen. Seine Gedanken schweiften unablässig von der Richtung ab, die er ihnen zu geben bemüht war, die Feder stockte nach jeder Zeile. Er erhob sich öfters, um nach dem zweiten Fenster zu gehen, auf dessen Brett die Sonnenuhr angebracht war, die dem Poeten in Ermangelung einer Taschenuhr als Zeitmesser diente. Aber heute war dieses sehr geschickt angelegte Gebilde außer Thätigkeit gesetzt, denn sein nothwendigster Behelf, die Frau Sonne, hüllte

sich mit hartnäckigem Eigensinn in schwere graue Regen=
wolken und wollte sich nicht zeigen.

Endlich konnte Richard bestimmt annehmen, daß die
von ihm so sehnlichst herbeigewünschte Stunde angerückt
sein müsse. Er warf die Feder hin und verließ die Stube,
in die bescheidenen Wohnräume seiner Wirthsleute hinab=
steigend.

Vollbrecht hatte für die Kanzlei des Doktor Trenner
Kopirarbeiten übernommen, welche ihm der alte Walker
jeden Tag nach Schluß des Bureau's mit heimbrachte.
Waren diese Arbeiten, die sehr kärglich bezahlt wurden,
auch nicht darnach angethan, den Geist des Schriftstellers
zu erheben und anzuregen, so brachten sie doch wenigstens
so viel ein, als Vollbrecht zur Bestreitung seiner anspruchs=
losen Bedürfnisse brauchte. Ueberdies boten sie ihm Ge=
legenheit, täglich mit der Familie Walker zu verkehren.
Richard waren die Plauderstunden beim Abholen seiner
Tagesaufgaben nach und nach zum Bedürfniß geworden,
seitdem er die Mansarde als Einsiedler bewohnte. Mit
den Freunden des Musenhofes traf er nur am Mittags=
tische zusammen, da weder Wurm, der endlich seine Reliefs
in Angriff genommen, noch Stampfel, der den ganzen
Tag vor seinem Piano saß, Zeit fanden, nach dem Hinter=
gebäude zum Besuch zu kommen, wie früher. Der Be=
richt, den der Klaviervirtuose über Braudt und seine ab=
weisende Haltung gegen die früheren Genossen geliefert
hatte, konnte natürlich auch nicht dazu beitragen, den
Schriftsteller besonders heiter zu stimmen. So hatte er
sich allmählig immer mehr zurückgezogen und rechtfertigte

beinahe den Spitznamen „der Klausner", den ihm die muntere Künstlerschaft angehängt hatte. —

Vollbrecht pochte schüchtern an die Thür. Das „Herein!" aus einer weiblichen Kehle ließ ihn etwas zaghaft zurückweichen; wie, sollte Herr Walker wirklich noch nicht zu Hause sein? Dann mußte Richard wohl Fräulein Charlotte allein treffen, denn Frau Walker hatte er schon vor einer Stunde mit einem großen Packet durch den Hof gehen gesehen; sie lieferte wohl ihre Näharbeiten ab.

Als er die Schwelle betrat und eben seinen Gruß vorbringen wollte, nickte ihm Lottchen von ihrem Tisch her zu und legte den Finger, zur Ruhe mahnend, an die Lippen. Richard sah sich verdutzt um und gewahrte den alten Schreiber, der auf dem altmodischen Sopha lag, ein Tuch über's Gesicht gebreitet, und zu schlafen schien.

„Ah, Ihr Herr Vater schläft — da will ich nicht stören!" Damit machte er Miene, sich zurückzuziehen.

„Bitte, Herr Vollbrecht, bleiben Sie nur," sagte Lottchen leise und schob ihm einen Stuhl hin. „Sie kommen, um Ihre Akten abzuholen? Der Vater hat sie dort auf die Kommode hingelegt, aber ich glaube, er hat Ihnen noch einige Bemerkungen über die Art und Weise der Erledigung zu machen. Wenn Sie aber keine Zeit verlieren wollen, so kann ich ihn ja auch wecken, daß Sie gleich an die Arbeit gehen können —"

„Nein, nein," widersprach Vollbrecht eifrig, während er neben dem Mädchen Platz nahm, „ich kann ganz gut warten; es wäre schade, den alten Herrn aus seinem Schlummer aufzustören."

„Ja, Ruhe thut ihm wahrlich noth, nachdem er schon fast eine ganze Woche hindurch keinen guten Schlaf mehr gehabt hat. Ich fürchte, er wird krank werden. Ich hörte ihn in den letzten Nächten wiederholt stöhnen. Heute Nachmittag, als er nach Hause kam, fiel mir gleich seine Blässe und seine müde Haltung auf. Er leugnete zwar ein Uebelbefinden, aber ich bin gewiß, er thut dies nur, um uns keine Sorgen zu machen. — O, Herr Vollbrecht, ich denke mit Schaudern daran, was werden soll, wenn er ernstlich krank wird. Er hat sich in seinen alten Tagen zu sehr angestrengt und bedürfte unbedingt der Ruhe, auch die Mutter ist schon betagt und die fortgesetzte Arbeit mit der Nadel wird ihr saner. O, wie gerne wollte ich Tag und Nacht thätig sein, um ihnen jede Mühe und Sorge zu ersparen, aber Sie wissen ja, wie karg die Modewaarenhändler bezahlen, reicht doch selbst jetzt unser dreifaches Einkommen nicht hin, Ersparnisse zurückzulegen."

Lottchen seufzte schwer auf und führte ihr Tuch an die gerötheten Augen. Vollbrecht betrachtete sie voll Theilnahme.

„Armes Kind! Sie haben schwer zu tragen."

„O, noch nicht, noch nicht! Aber wie dann, wenn meine Befürchtungen eintreffen, wenn die guten Eltern... nein, ich mag gar nicht daran denken! Und wenn Sie nur sehen könnten, wie sehr den Vater die Sorge bedrückt, obgleich er es mir ängstlich zu verbergen sucht. Oft, wenn er mir gegenüber sitzt, fühle ich sein Auge auf mir ruhen und sehe seine bekümmerte Miene, höre die verstohlenen Seufzer, die sich aus seiner gequälten Brust ringen. Gestern endlich verlieh er seinen Gedanken Worte. Der gute Vater ängstigt sich um meine Zukunft; er stellte mir vor, daß ich die Kraft meiner Jugendjahre versplittere mit einer Arbeit, die kaum den nöthigsten Lebensunterhalt abwerfe; er kam, was er sonst stets zu vermeiden strebte, auf unsere vergangene Zeit zu sprechen, als er noch ein angesehener, wohlhabender Kaufmann gewesen."

„Ich glaube gehört zu haben, daß Herr Walker durch einen betrügerischen Compagnon sein ganzes Vermögen verlor?"

Charlotte nickte und trocknete sich abermals die Augen.

„Ich weiß, worauf er mit diesen traurigen Betrachtungen abzielte. Er sprach es endlich auch aus."

„Wie? Ihr Vater hat also einen bestimmten Plan über Ihre Zukunft gefaßt? Darf ich vielleicht, wenn diese Bitte nicht indiskret ist, davon wissen?"

„Warum sollte ich es Ihnen verhehlen, der Sie so großen Antheil an uns nehmen," erwiederte Charlotte. „Mein Vater deutete darauf hin, daß ich bereits neunzehn Jahre zähle, daß ich nicht ewig im Elternhause bleiben könne, kurz —"

„Er sprach von — einer Heirath?" rief Vollbrecht rasch, erschrak aber gleich darauf über seine Heftigkeit, die Lottchen's Vater aus seinem Schlummer wecken und bei seiner Tochter Befremden erregen konnte, aber zu Richard's Beruhigung geschah keines von beiden.

„Ja," sagte das Mädchen und lehnte sich in ihrem Stuhl zurück, die Näharbeit in den Schoß sinken lassend, „ja, das war's, was der Vater meinte. Ich suchte ihn zwar sofort von dem Thema abzubringen, was mir auch wirklich gelang, aber ich weiß doch sehr gut, was für eine Mittheilung er mir noch machen wollte."

„Ah, Sie meinen, daß Herr Walker schon einen Kandidaten für — jene gewünschte Heirath in Vorschlag hätte bringen wollen?"

„Ich fürchte, ja. So oft ich dem Vater das Frühstück nach dem Bureau brachte, suchte sich mir einer der Konzipienten, ein gewisser Blum, zu nähern. Er wußte mich in's Gespräch zu ziehen und mich sonst auf alle erdenkliche Art aufzuhalten; aber als er endlich in seinen Bewerbungen deutlicher wurde, suchte ich ihm auszuweichen. Ich bat die Mutter, mir das Geschäft abzunehmen, um das Bureau nicht mehr betreten zu müssen."

„Und jetzt, glauben Sie, hat sich der unerschütterliche Werber trotz Ihrer ablehnenden Haltung an Ihren Herrn Vater gewandt?"

„Es scheint so."

„Hm!" Richard überkam ein lebhaftes Gefühl der Unruhe. Er schien nachzusinnen, streifte aber seine Nachbarin mit einem forschenden Blick, als scheue er sich, das auszusprechen, was ihm auf der Zunge lag.

„Finden Sie den Vorschlag, den Rath Ihres Vaters wirklich so unannehmbar? — Ist jener Herr Blum vielleicht schon ein alter Mann oder ein Charakter, mit welchem Sie nicht sympathisiren könnten?"

„Herr Blum ist kaum Dreißig, und was seine Gemüthseigenschaften anbelangt, so kenne ich ihn zu wenig, um überhaupt ein Urtheil nach jener Hinsicht fällen zu können, ich glaube sogar, er meint es wirklich ehrlich und hätte den redlichen Willen, das arme Mädchen, das er doch unmöglich aus Eigennutz nehmen würde, als seine Gattin so glücklich zu machen, als er es vermag."

„Nun," meinte der Literat zögernd, „dann könnten Sie ja immerhin den Versuch machen, ihn näher kennen zu lernen, vielleicht vermögen Sie ihn nach und nach — lieb zu gewinnen. Somit ist Ihrem Vater nur Recht zu geben, wenn er Ihnen räth, den Antrag dieses Mannes in Erwägung zu ziehen."

Das blasse Gesicht des jungen Mädchens röthete sich jäh bei diesen Worten. Sie neigte sich auf ihre Arbeit herab und vermied es, den Sprecher anzusehen.

„Ich hoffe doch, mein Fräulein, Sie sehen das Praktische des väterlichen Rathschlages ein? Sobald sich beide Theile hochachten können, werden sie sich niemals unglücklich fühlen. Freilich müßte bei beiden Eheleuten eine Herzensneigung zu einer anderen Person ausgeschlossen sein."

Charlotte wandte sich jetzt seitwärts, um ihre Thränen zu verbergen, aber das Zittern ihrer Hände verrieth sie. Vollbrecht wußte nur zu gut, wie grausam sie seine anscheinend so harmlosen Worte verwundeten, aber er wollte Lottchen dadurch veranlassen, sich ihm anzuvertrauen, um ihr dann seine hilfsbereite Freundeshand zu reichen. Er wußte, daß das Mädchen unter der Vereinsamung litt, zu welcher sie ihr Herzensgeheimniß nöthigte, und daß sie einer Seele bedurfte, der sie sich aussprechen konnte.

„Kurz und gut," fuhr er fort, „ich würde an Ihrer

Stelle mein Herz prüfen, die nähere Bekanntschaft dieses Herrn Blum machen und mir darnach die Frage vorlegen, ob ich ihn so weit achten könnte, um seine Bewerbung anzunehmen."

Lottchen vermochte sich nun nicht länger zurückzuhalten; sie wandte Richard ihr thränenüberströmtes Gesicht zu und sah ihn mit einem Blicke an, in welchem sich eine flehende Bitte aussprach. Aber es kostete noch geraume Zeit, bis sie sich so weit gefaßt hatte, um ihm zu antworten.

„Sie meinen es gut, Herr Vollbrecht, ich bin davon überzeugt, aber — Sie würden nicht so sprechen, wenn —" sie stockte.

„Wenn?" fragte Vollbrecht.

Lottchen drückte ihr Tuch vor das Gesicht und erwiederte nichts. So entstand eine schwüle Pause. Endlich berührte der Schriftsteller wie begütigend ihre Hand.

„Verzeihen Sie, mein Fräulein, ich wollte Sie nicht kränken mit meinen Worten, sie enthielten auch nur eine ganz allgemeine Ansicht von mir. Sie theilen diese Ansicht eben ganz einfach nicht — oder sollten jene Bedingungen, die ich voraussetzte, bei Ihnen nicht zutreffen?"

„Gleichviel," stammelte sie jetzt mühsam, „ich kann den Rath meines Vaters nicht befolgen, ich kann Herrn Blum keine Gattin sein."

„Und warum nicht?"

„Weil — weil, nein, ich will nicht lügen, aber — ich kann Ihnen ebenso wenig die Wahrheit sagen. Bitte, ersparen Sie es mir. Es möge Ihnen genügen, daß ich mich für immer mit dem Gedanken vertrant gemacht habe, unvermählt zu bleiben."

„Verkennen Sie nicht meine aufrichtige Freundschaft, mein Fräulein, es ist nicht müßige Neugierde, sondern die lebhafteste Antheilnahme an Ihnen — an Ihrem Schicksale, was mich zu meiner Frage veranlaßt. Bitte, beantworten Sie mir dieselbe. Ich sagte, bei einer Konvenienzheirath dürfe keines der beiden Theile eine Neigung zu einem Dritten im Herzen tragen. Mangelt Ihnen etwa diese Vorbedingung? Mit einem Worte, Charlotte, Sie — Sie lieben?"

Sie wollte aufspringen und ihre tiefe Bewegung verbergen, aber Richard hielt ihre Hand fest.

„Vertrauen Sie sich mir an — ich schwöre Ihnen, Sie dürfen es."

„Ja, ja — ich habe geliebt," kam es rasch und kaum vernehmlich von ihren zuckenden Lippen.

„Sie **haben** geliebt?" fragte Vollbrecht mit ganz eigenthümlicher Betonung. „Warum sprechen Sie davon als von etwas Vergangenem?"

„Weil ich dieses Gefühl ersticken mußte — nachdem es kaum aufgekeimt war. Ich darf diese Liebe nicht nähren."

„Glauben Sie wirklich, daß die Einsicht, wie hoffnungslos eine solche Neigung etwa sei, auch schon diese Neigung vernichten könne?"

Charlotte schwieg und preßte die Hand auf's Herz. Sie wollte in diesem Moment nicht widersprechen, wo sie fühlte, wie sehr sie von jenem warmen, verrätherischen Ding Lügen gestraft worden wäre.

„Sie verstummen, das ist mir ein Zeichen, daß Sie meine sehr berechtigten Zweifel über diesen Punkt theilen."

„Zugegeben denn, Sie hätten Recht," sagte sie mit Festigkeit, „zugegeben, daß ich diese Liebe noch nicht aus meinem Herzen tilgen konnte, so gern ich es wollte — das Resultat ist auf jeden Fall dasselbe."

„Fräulein Charlotte," begann er nach kurzem Zögern mit überzeugender Herzlichkeit, „ich will Ihnen gegenüber so offen sein, wie Sie es eben zu mir waren. Ich wollte eigentlich nur aus Ihrem Munde die Bestätigung dessen vernehmen, was ich schon längst geahnt habe. Ich weiß es, daß Ihr Herz an einer brennenden Wunde krankt — ich weiß auch, wer Ihnen dieselbe geschlagen hat, wer der Gegenstand Ihrer vermeintlich so hoffnungslosen Liebe ist."

„Er hat es Ihnen gestanden?" frug sie, während auf's Neue ein Thränenschleier ihren Blick verdunkelte.

„Ja, wenn auch nicht auf ganz geradem Wege. Sehen Sie, mein Fräulein, ich habe über diesen Punkt seither sehr reiflich nachgedacht. Stephan liebt Sie. Er hat gewiß nicht gelogen, als er Ihnen das im Drange seiner Gefühle gestand."

„Damals — vielleicht. Aber jetzt bin ich gewiß, daß er es tief bereut, mir ein Geständniß gemacht zu haben, welches er heute unmöglich aus ehrlichem Herzen wiederholen könnte. Es war ein flüchtiger Rausch von seiner Seite, eine launenhafte Eingebung seiner erregten Künstlerphantasie, welcher er nur zu leichtsinnig Worte verliehen hatte."

„Wir können das Beide nicht so fest behaupten. Wer

weiß, ob wir ihm nicht Unrecht thun mit unserem Miß‑
trauen. Ich habe mich vielleicht zu weit hinreißen lassen,
damals, als ich ihm seine Handlungsweise in so schroffen
Worten entgegenhielt. Sie fürchten, so wie ich, daß jene
Gönnerin seines Talentes, die Baronin Mühlhoff, sein
Herz gefangen habe. Nun, wenn dem auch so wäre, so
kann er doch von einem gewissen Standpunkt aus Ent‑
schuldigung finden. Bedenken Sie, diese Frau reißt ihn
mit einem Male aus der trüben, gedrückten Atmosphäre,
in welcher sich bisher sein Genie bewegen mußte. Dieser‑
halb schon konnte er ihr ein Gefühl der Dankbarkeit nicht
versagen. Nehmen wir nun an, die Baronin wurde neben
ihrer Kunstliebe auch von einer ganz speziellen und privaten
Herzensneigung zur Protektion des jungen Malers veran‑
laßt, so kann es bei dem leicht entzündbaren Gemüthe
Brandt's doch nicht so ungeheuerlich erscheinen, wenn ihm
diese Geneigtheit der ebenso vornehmen als schönen Dame
schmeichelt, ihn vielleicht auch wirklich zu ähnlichen Ge‑
fühlen begeistert. Wir dürfen deshalb noch nicht den
Stab über ihn brechen, wenn seine künstlerische, für jeden
Eindruck so empfängliche Seele ihn hinreißt, ein wenig
von dem Wege abzuschweifen, den ihm die strenge bürger‑
liche Rechtlichkeit vorzeichnet. Ja, er thut schweres Un‑
recht damit, aber er soll deshalb noch nicht ohne Gnade
verdammt werden. — Sie beschuldigen ihn, sein Geständ‑
niß Ihnen gegenüber sei nur die Eingebung einer flüch‑
tigen Laune gewesen — nun, vielleicht ist eben der ge‑
nannte kleine Schritt vom geraden Wege nur einer seichten
Gefühlsverirrung entsprungen, und er bewahrt im Grunde

seines Herzens die ganze Vollkraft einer echten, innigen Liebe, die früher oder später mit alter Macht wieder erwachen wird."

Charlotte reichte dem eifrig Sprechenden mit einem wehmüthigen Lächeln die Hand, die er warm erfaßte und zwischen seinen Fingern drückte.

„Sie sind ein wackerer, herrlicher Mensch, ich danke Ihnen für Ihre lieben Worte! Aber — ich kann nicht daran glauben, was Sie mir so freundlich in Aussicht stellen möchten. Doch ich will Ihren Rath befolgen, mich zu trösten suchen und still ergeben — warten, was mir die Zukunft bringen soll!"

Vollbrecht wollte nochmals seine herzliche Rede bekräftigen, aber er verstummte, als Herr Walker auf seinem Lager einen Seufzer ausstieß und mit einer Bewegung aus seinem Schlummer erwachte.

Hatte er den letzten Theil des Zwiegespräches, das nach und nach lauter geworden war, vernommen?

„Ah, Herr Vollbrecht!" sagte er mit mattem Lächeln, indem er sich erhob und dem Gaste die Hand reichte. „Entschuldigen Sie, daß ich Sie so lange warten ließ. — Aber warum hast Du mich nicht geweckt, Lotte?"

„Das hätte ich keinenfalls zugegeben," antwortete Richard an Stelle des Mädchens. „Es wäre Sünde gewesen, Sie des erquickenden Schlummers zu berauben. Ich verlor keine Zeit, Herr Walker, und komme noch immer zurecht, meine Akten zu empfangen." —

Als Vollbrecht mit dem Bündel die Treppe zur Mansarde emporstieg, glänzte sein Auge in feuchtem Schimmer.

Er wandte sich nochmals zurück gegen die Thür, welche ihn von der Tochter des Schreibers schied, und murmelte mit einem schmerzlichen Lächeln vor sich hin: „Armes Kind! — Armer Vollbrecht, Du bist doch ein bedauernswerther Kerl, indem Du so auf Deinem eigenen Herzen herumtrittst!"

## Dreizehntes Kapitel.
### Auf der Brautschau.

Am nächsten Nachmittage durchmaß Doktor Trenner den Salon seiner behaglichen Wohnung mit gravitätischen Schritten, während er sich nach seiner Gewohnheit, wenn er gut aufgelegt war, die Hände rieb. So oft er auf seinem Rundgange an der Fensternische vorbeikam, wo Ella damit beschäftigt war, die Blumen der prachtvollen Jardinière zu begießen, warf er einen langen Blick auf die Tochter. Er hatte sie schon auf den Besuch der beiden Grafen Wernshausen vorbereitet, keineswegs aber noch auf den eigentlichen Zweck dieser Visite. Nun suchte er nach einer passenden Form dazu.

Ella hatte in ihrem Verkehr mit dem Vater von jeher eine gewisse Kälte und Gleichgiltigkeit gezeigt, die sie in seinen Augen fast beschränkt erscheinen ließ. Trenner hatte es allerdings im Drange seiner Geschäfte niemals der Mühe werth gefunden, sich mit seinem Kinde eingehender zu befassen. Das blieb von jeher der Gouvernante und ihren Lehrern — früher auch der stillen, gutmüthigen Frau Trenner überlassen, die es mit Ella zwar herzlich gut meinte, sich aber ebenfalls nicht zum Verständniß ihres ganz eigenartigen Charakters aufschwingen konnte. So hatte sich das Mädchen frühzeitig daran gewöhnt, sich in sich selbst zurückzuziehen und das wenig schmeichelhafte Urtheil, das ihre Umgebung über sie fällte, mit einem Gleichmuthe hinzunehmen, in den sich kein geringer Theil Verachtung mischte. Durch eifrige Beobachtungen, die sie im Vaterhause um so leichter anstellen konnte, als Trenner dem „einfältigen Kinde" gegenüber nie einen Hehl aus seiner Gesinnung machte, hatte sich Ella eine Weltanschauung gebildet, die ihren Geist weit über ihre Jahre hinaus gereift und — verhärtet, verbittert hatte. Sie war gewohnt, sich den Befehlen ihres Vaters wie denen ihrer Lehrer ruhig unterzuordnen, aber unter ihrer Schweigsamkeit und äußeren Stumpfheit lag ein warmes, begeisterungsfähiges Gemüthsleben verborgen, das bis jetzt nur noch keine Gelegenheit gefunden hatte, sich zu der oder jener Sache in Liebe oder Haß zu äußern.

„Höre, Ella," nahm Trenner das auf längere Zeit unterbrochene Gespräch wieder auf, „Du scheinst Dich wohl gar nicht zu wundern über den vornehmen Besuch, den wir heute zu Tische empfangen sollen?"

„Warum auch, Papa?" sagte die junge Dame gelassen, ohne daß sie ihr Gesicht von den Pflanzen erhob, deren Pflege ihre ganze Aufmerksamkeit in Anspruch zu nehmen schien. „Du sagtest ja selbst, der Minister käme zur Besprechung eines wichtigen Geschäftes in unser Haus. Was soll ich daran Erstaunliches finden?"

„Hm! Ein Geschäft — na ja, allerdings ein reines Privatgeschäft, das aber auch Dich gewaltig interessiren dürfte."

„Wieso?" fragte Ella so ruhig wie vorher, ohne das schlaue Augenzwinkern zu beachten, mit welchem der Notar seine Worte begleitete.

„Sage 'mal, Kind, Du bist jetzt schon achtzehn Jahre und könntest vernünftig genug sein, ein wenig um und vor Dich zu blicken."

Ella zuckte die Achseln und verzog ihre fest geschlossenen Lippen zu einem geringschätzigen Lächeln.

„Hast Du Dir noch gar keine Gedanken über die Zukunft, über die Bestimmung des Weibes in dieser Welt gemacht, eine Bestimmung, die doch auch die Deine sein soll? Mit einem Worte, hast Du noch nie daran gedacht, daß Du einst Dich verheirathen wirst?"

„Ich sehe eine solche Nothwendigkeit nicht gerade ein, aber —"

„Du stehst jener Nothwendigkeit näher, als Du ahnst, liebes Kind. Was würdest Du sagen, wenn ich Dir eines Tages — meinethalben morgen, übermorgen — einen Bräutigam vorschlagen wollte?"

„Du scherzest, Papa!"

„Keineswegs. Nun, wie würdest Du einen solchen Vorschlag aufnehmen?"

„Ich," sagte sie langsam, „ich würde mich, wie ich es in allen Dingen gewohnt bin, Deinem Willen unterordnen, Papa."

Der Papa merkte nicht die leichte Färbung von Jronie, die in ihren Worten lag, und schmunzelte vor sich hin.

„Das ist hübsch gesprochen, Ella; ganz so, wie ich es von Dir, als einem folgsamen Kinde erwartete, das ja stets überzeugt sein kann, daß ich nur sein Bestes will. Nun, erinnere Dich dieser Deiner Worte, wenn ich wirklich heute oder morgen eine gute — eine sehr gute Parthie für Dich in Aussicht genommen hätte."

„Papa," sagte Ella, jetzt mit einem vollständig ungekünstelten Lächeln, „Du wirst mich noch wirklich glauben machen, daß Du schon eine gewisse Wahl für mich getroffen. Deine Worte klingen so eigenthümlich, so absichtlich, als wolltest Du mich damit auf Deinen Vorschlag vorbereiten."

„Sieh 'mal, Du beobachtest ja recht scharf, mein Kind, das hätte ich Dir gar nicht — hm! will ich sagen, das hätte ich gar nicht geglaubt, daß Du mir etwas Derartiges in die Schuhe schieben könntest. Nun, gleichviel, Du sollst binnen Kurzem erfahren, wie ich für Dich und Deine Zukunft gesorgt habe. Ich hoffe, Du wirst zufrieden sein."

In diesem Augenblick meldete Heinrich, der Diener, daß soeben die Equipage des Ministers vorgefahren sei. Trenner wandte sich blitzschnell um.

„Ah, sehr pünktlich — wie ich mir gedacht habe. Gut, lassen Sie die beiden Herren hier eintreten, Heinrich."

Der Diener zog sich zurück.

„Wie, Papa, Du willst Seiner Excellenz nicht entgegen gehen? Ich dächte doch, die Schicklichkeit erfordere dies einem solchen Gaste gegenüber."

„Das verstehst Du nicht, Ella," sagte Trenner, sich wohlgefällig in den Hüften wiegend, während seine dicke, fette Hand an der schweren Uhrkette spielte. „Ich habe es wahrlich nicht nöthig, den Ueberaufmerksamen zu spielen, als fühlte ich mich besonders geehrt durch diesen Besuch."

Das sagte er so wegwerfend, als handle es sich darum, einen demüthigen Bittsteller zu empfangen. Dann nahm er wieder seinen bedächtigen Spaziergang durch das Zimmer auf; die Gäste sollten ja nicht denken, daß er ihrer Ankunft mit einer gewissen Spannung entgegen gesehen habe. Ella blickte verwundert auf ihn, sie konnte es sich nicht erklären, wie Papa, der sonst vor Allem, was nur eine einfache Freiherrnkrone trug, fast kroch, nun mit einem Male ein Benehmen zur Schau tragen konnte, das gerade an Mißachtung streifte — und dies noch dazu dem gewaltigen Minister Wernshausen gegenüber.

„Du sprichst sehr seltsam," sagte sie. „Ich dächte doch, es wäre wirklich ein Ereigniß, die beiden Grafen bei uns zu sehen. Hast Du Dich nicht eben vorhin erst gewundert, daß ich mich darüber so wenig erstaunt zeigte?"

„Ja, mein Kind, weil Dir eine solche Nachricht doch sehr unerwartet kommen mußte. Wüßtest Du aber, so wie ich, warum eigentlich — hm, na, das geht Dich ja, wenigstens vorläufig, noch nichts an. Es mag Dir genügen, daß ich meine Gründe habe, den beiden Herren einigermaßen zu zeigen, mit wem sie zu thun haben. — Ah, ich höre sie schon auf der Treppe! — Gehe hinüber in's Speisezimmer und erwarte uns dort. Du kannst inzwischen auch nachsehen, ob Alles in der Ordnung ist, die ich wünsche. Ich will den Grafen beweisen, daß sie es mit keinem armen Schlucker zu thun haben, der solche Gäste nicht standesgemäß zu bewirthen vermag."

Ella's Gesicht überflog wieder jenes gewisse ironische Lächeln, während sie den Salon verließ.

Trenner stellte sich an's Fenster und trommelte auf den Scheiben; er schien an alles Andere eher zu denken, als an die Gäste, die er erwartete. Aber in seinen grauen, stechenden Augen blitzte ein boshafter Strahl, das Gefühl tiefinnerlicher Befriedigung. Ja, und er konnte auch wahrlich zufrieden sein. Jetzt stand er vor dem letzten und höchsten Ziele seines ganzen Lebens.

Als die beiden Herren eintraten, begrüßte der Advokat sie mit kühler Freundlichkeit. „Ich hatte nicht ganz sicher auf die Ehre Ihres Besuches gerechnet, meine Herren," sagte er, „doch seien Sie mir von ganzem Herzen will=
kommen!"

Damit streckte er ihnen seine Hände entgegen, aber der Minister schien dies gar nicht zu bemerken. Graf Herbert dagegen maß den Advokaten mit einem so durch=
bohrenden Blick, daß er seine Hand rasch sinken ließ und ein Stäubchen von seinem Rockärmel blies, das ihn da plötzlich sehr gewaltig zu geniren schien. So entstand eine kurze Verlegenheitspause.

„Herr Doktor," begann endlich Herbert, „wir haben Ihrer Einladung Folge geleistet, wie Sie sehen. Es freut uns, Ihr Heimwesen kennen zu lernen. Sie wohnen wirklich recht hübsch!"

Das war eine klare Andeutung, daß der junge Graf in dem gegenseitigen Verkehr zwischen ihnen den Ton der Konvenienz aufrecht zu halten wünschte.

Während Herbert, anknüpfend an seine letzte Be=

merkung, sich dem Pianino näherte, über welchem an der Wand ein kleines Landschaftsaquarell hing, das anscheinend seine Aufmerksamkeit fesselte, warf Trenner dem Minister einen fragenden Blick zu, welchen der alte Graf mit einem leichten Kopfnicken beantwortete.

„Gut, er weiß also, um was es sich handelt," murmelte der Notar für sich, dann setzte er laut hinzu, mit Hohn auf den von Herbert angeschlagenen Ton der Förmlichkeit eingehend: „Ich will doch hoffen, daß ich die Herren durch meine höfliche Einladung nicht von irgend einem wichtigen Geschäfte abgehalten habe?"

Wernshausen biß sich auf die dünnen, farblosen Lippen und schwieg.

„Ein hübsches Gemälde!" meinte Herbert von der Zimmerecke her, als habe er die Bemerkung des Hausherrn überhört. „Wirklich ein sehr hübsches Stück! Wer ist der Maler dieses Aquarells, Herr Doktor?"

„Meine Tochter, Herr Graf!"

Auf der Stirn Herbert's zeigte sich für einen Augenblick eine finstere Falte über diese Auskunft, die ihn etwas unvermittelt an den Zweck seines Besuches in diesem Hause erinnerte. Dann mußte er sich aber gestehen, daß jenes Bild thatsächlich nicht ohne Talent, jedenfalls aber mit einem sehr feinen Geschmack ausgeführt sei. Er warf nochmals einen prüfenden Blick darauf.

Trenner, der gewiegte Menschenkenner, war genug Physiognomiker, um sofort aus der Miene Herbert's zu errathen, daß dieser noch keineswegs geneigt sei, auf das zwischen dem Minister und dem Notar halb und halb vereinbarte „Geſchäft" bedingungslos einzugehen. Dies beſtätigte auch der ängſtliche Blick, mit welchem Graf Wladimir von Zeit zu Zeit ſeinen Sohn verſtohlen betrachtete. Trenner wußte jetzt, daß Herbert erſt prüfen wolle, ehe er ſich zu opfern bereit war, und baute ſofort ein Plänchen auf, um ihn zu einem raſcheren Entſchluſſe zu drängen.

„Ihre Tochter iſt alſo Dilettantin in der Malkunſt?" fragte der Miniſter, ſichtlich befriedigt. „Das iſt in der That ein ebler Zeitvertreib!"

„Pah, eine Spielerei wie jede andere, mit denen die Mädchen ihren großen Vorrath von Mußeſtunden ausfüllen. Nächſt den Büchern bilden dieſe Pinſeleien ihre Lieblingsbeſchäftigung. Außerdem treibt ſie auch ein wenig Muſik."

Herbert lächelte bitter. Ihm klangen die Worte des Notars, ſo gelaſſen und abſichtslos ſie auch ſcheinen wollten, wie die Reklame, mit welcher der Kaufmann ſeine Waare anpreist.

„Es iſt immer ſehr anerkennenswerth, wenn die junge Dame der Literatur und den Künſten ihre Aufmerkſamkeit zuwendet," ſagte der alte Graf, während er dem Blicke ſeines Sohnes zu begegnen ſuchte. „Wollen Sie aber nicht ſo liebenswürdig ſein, verehrter Herr Doktor uns Ihrem Fräulein Tochter vorzuſtellen?"

„Wenn Sie dies wünſchen, werde ich mich ſehr geehrt fühlen," entgegnete Trenner mit einer Kälte, welche die beiden Anderen ſtutzen und zu ihm hinüberblicken ließ. „Darf ich alſo bitten, meine Herren, mir zu folgen?"

Damit ließ er Herbert einen Schritt vorausgehen und trat unbefangen an die Seite des Ministers, während sie nach dem Speisezimmer gingen.

„Sie dürfen sich durch die Zurückhaltung meines Sohnes nicht abschrecken lassen," flüsterte Wernshausen seinem Begleiter zu. „Es wird Ihnen doch begreiflich erscheinen, daß er sich nur mit einigem Widerstreben in unsere Vereinbarung fügt —"

„O bitte," unterbrach ihn der Notar rasch, dabei absichtlich seine Stimme so erhebend, daß der Vorangehende jedes Wort vernehmen mußte; „weder Sie, Excellenz, noch Ihr Herr Sohn brauchen sich den geringsten Zwang aufzuerlegen. Ich habe mir die Sache mittlerweile derart überlegt, daß ich gerne den Ihnen gestern unterbreiteten Vorschlag zurückziehen möchte. Ich sehe ein, daß ich doch nicht gut daran thun würde, meine Tochter in ein Verhältniß zu nöthigen, das ihr vielleicht nicht behagt."

„Wie? So haben Sie Fräulein Trenner noch nicht vorbereitet auf — hm! — auf unsere Uebereinkunft?" Die Stimme des Ministers bebte und seine Hand strich mit nervöser Hast über den Hut, den er in der Linken trug.

„Nein, weil ich eben, wie gesagt, noch nicht weiß, ob dies überhaupt nöthig sein wird. Ich habe mich besonnen und gefunden, daß ich von den bewußten Papieren einen für mich weit vortheilhafteren Gebrauch machen kann."

Wernshausen hob den Kopf und sah den ganz geschäftsmäßig sprechenden Advokaten entsetzt an.

„Das kann Ihr Ernst nicht sein, Doktor, ich wüßte wahrhaftig nicht, welche sonstige Vortheile —"

Doktor Treuner zuckte die Achseln und schlug die Portière auseinander, seine Gäste in das Speisezimmer eintreten lassend, in welchem Ella weilte.

Während die Vorstellung erfolgte, preßte Herbert seine Zähne in die Unterlippe und verbeugte sich schweigend; der Minister fuhr sich mit zitternden Fingern durch das stark gelichtete Haar, während sein Blick mit ängstlicher Unruhe von der jungen Dame auf seinen Sohn und dann zu dem Notar hinüberschweifte. Ella verneigte sich kurz, ohne den Eingetretenen mehr Aufmerksamkeit zu schenken, als sie es bei allen anderen Bekannten ihres Vaters gewohnt war.

Treuner, der mit innerlicher Freude bemerkte, wie vortrefflich seine ablehnenden Worte beim Minister und auch bei dessen Sohn gewirkt hatten, lud die Gäste mit leichter Handbewegung ein, Platz zu nehmen. Stumm nahm Jedes den betreffenden Stuhl ein. Rechts von dem Advokaten saß der alte Graf, links dessen Sohn, und ihrem Vater gegenüber Ella.

Auf ein Klingelzeichen erschien der Diener mit der Suppe. Ella füllte schweigend die Teller, die vor ihr standen, und waltete mit Gewandtheit ihres Amtes als Hausfrau. Herbert, der sie verstohlen beobachtete, entging es nicht, mit welcher Grazie sie selbst die einfachsten Verrichtungen ausübte. Dabei mußte er sich gestehen, daß dieses junge, frische Gesicht mit dem leichten Hauch von Melancholie und Trotz etwas sehr Interessantes besaß. Allerdings war dies nicht im Stande, sein Wohlgefallen zu erregen, ja ihn ärgerte sogar dieser eigenthümliche Zug in dem Antlitz des Mädchens, das so ganz und gar anders aussah, als er erwartet hatte.

Endlich kam durch die Bemühungen des Ministers ein Gespräch in Gang, das aber bald lebhafter wurde, und an dem auch Herbert sich betheiligte, nachdem ihn einige Antworten Ella's fast gegen seinen Willen interessirt und zum Widerspruch gereizt hatten. Immer mehr mußte er sich eingestehen, daß sie eine durchaus eigenartige Natur, ein Mädchen von Geist und Charakter sei. Das war ihm unangenehm. Er hatte sich die Tochter des Advokaten als ein eitles, oberflächliches Modegeschöpf gedacht, das sofort bereit sei, auf den schlauen Plan einzugehen, mit welchem sie ihr berechnender Vater in den Hafen einer „vornehmen Ehe" hinein zu lanciren beabsichtigte. Nun ärgerte ihn das ganz andere Resultat seiner bisherigen Beobachtung.

Dem alten Grafen aber bangte jetzt noch mehr um die Verwirklichung jenes Projektes, von welchem sein ferneres Schicksal, seine Ehre, seine Existenz abhing. Er hatte sich die Abwickelung dieser Angelegenheit ebenfalls weit leichter gedacht.

Beim Dessert wollte Trenner dem Minister Gelegen=
heit geben, auf den eigentlichen Zweck seines Besuches zurückzukommen.

„Wie wäre es, Ella, wenn Du uns mit einem Vor=
trag auf dem Klavier erfreuen wolltest?" sagte er, sich lächelnd zu ihr hinüberneigend.

Ella, zog die Brauen zusammen und machte eine un=
muthige Bewegung.

"Ja, mein Fräulein, wir bitten Sie darum," stimmte Wernshausen eifrig bei.

Fräulein Trenner erhob sich schweigend und begab sich in den anstoßenden Salon, in dem das Instrument stand. Eine drückende Pause entstand jetzt zwischen den Zurückbleibenden. Ella schien der an sie ergangenen Bitte nicht Folge leisten zu wollen, denn es wurde kein Ton von Musik aus dem Salon vernehmbar. Herbert spielte mit einem Konfektlöffelchen auf seinem Teller und klopfte mit seiner Fußspitze ungeduldig den Teppich unter dem Tische. Er begriff, daß sich dieses eigenartige Mädchen nicht dazu kommandiren lassen wollte, gleichsam seine Kunststückchen vor dem geladenen Auditorium zu zeigen. Ein ungeberdiger Trotzkopf! Oder war das nicht bloße Koketterie und Komödie? Sie mußte doch ohne Zweifel wissen, mit welchen Absichten die Besucher gekommen waren. —

"Wir wollen nun jene Angelegenheit berühren, die unsere künftige Stellung zu einander betrifft, Herr Doktor," begann endlich der Minister.

"Ah, Sie meinen meine anfängliche Idee mit meiner Tochter und — hm! Ich habe Ihnen bereits gesagt, daß ich nach reiflicher Erwägung zu einer anderen Ansicht in dieser Sache gekommen bin. Ich möchte zum Mindesten erst nochmals überlegen, welche Vorschläge ich Ihnen betreffs einer anderen Lösung der bewußten delikaten Frage machen könnte."

"Nein, lassen Sie uns sofort und ohne Umschweife zu Ende kommen," warf Herbert mit rauhem Tone ein. "Sie haben Ihren Entschluß offenbar nicht so voreilig gefaßt, als Sie uns nun glauben machen wollen. Gestern haben Sie Ihre Bedingungen genannt, wohlan, heute gebe ich Ihnen in Uebereinstimmung mit meinem Vater die Zusage, auf jene Bedingungen — einzugehen. Ich bin bereit —"

Er konnte nicht weiter, seine Stimme versagte ihm vollständig den Dienst. Er fuhr sich mit der Serviette über das fahle Gesicht, um einigermaßen seine furchtbare Erregung zu verbergen. Seine Finger zitterten krampfhaft.

„Nun denn," athmete Wernshausen erleichtert auf, „so halte ich hiermit im Namen meines Sohnes um die Hand Ihrer Tochter, Fräulein Ella Trenner, an."

Der Advokat verbeugte sich leicht mit einem verbindlichen Lächeln und lehnte sich dann gravitätisch in seinen Stuhl zurück.

„Ich fühle mich durch diese Werbung wirklich sehr geehrt, meine Herren," erwiederte er nach einer Kunstpause in einem so gefälligen Ton, als wisse er nicht im Geringsten, was doch eigentlich die Veranlassung zu dieser seltsamen Brautwerbung bildete. „Ich glaube Ihnen denn, nachdem ich nun nachträglich mein gestern gegebenes Wort nicht zurücknehmen will, eine Abwickelung der Angelegenheit in der von Ihnen gewünschten Art und Weise in Aussicht stellen zu können, das heißt, ich nehme Ihren Antrag im Namen meiner Tochter in aller Form an."

Der Minister nickte einige Male mit dem Haupte; sein Sohn starrte mit funkelndem Auge auf seinen Dessertteller nieder.

„Ich brauche Ihnen wohl nicht alle Punkte unserer Vereinbarung in's Gedächtniß zurückzurufen," fuhr Trenner langsam fort, indem er unter den halbgesenkten Augenlidern hervor seine Blicke vom Vater nach dem Sohne schweifen ließ. „Diese Heirath wird unter allen jenen Formalitäten geschlossen, die dem Ansehen Ihrer Familie entsprechen. Wir wollen von diesem Augenblick ab, wo wir zu einander in ein verwandtschaftliches Verhältniß zu treten im Begriffe stehen, nicht wie — Kaufleute mit einander feilschen; Sie, meine Herren, sind Gentlemen — ich auch, und ferner bin ich der Mitwisser eines Familiengeheimnisses, dessen Offenbarung noch immer in meiner Hand liegt ... Sie verstehen!"

„Vollkommen, vollkommen," erwiederte der alte Graf. „Sie wollen diese Verbindung ganz so vollzogen wissen, als ob —"

„Sehr richtig," unterbrach ihn der Notar mit behaglichem Lächeln, „ganz so — als ob ... das wollte ich eben ein- für allemal genau feststellen. Ich kann mich darauf verlassen, daß Graf Herbert seine Verbindung als — für immer geschlossen betrachtet, daß er sich nicht nach der Vermählung aus der Gesellschaft zurückzieht, sondern vielmehr — an der Seite seiner Gemahlin — in der Residenz oder doch wenigstens in der Nähe verweilt, um zu keinerlei Gerüchten Anlaß zu geben, als hätte diese Ehe andere Gründe, als die einer wahren, innigen Neigung zum Fundamente."

Herbert knirschte mit den Zähnen und hielt sich die geballte Faust an die Stirne; er wäre in diesem Moment dem Advokaten am liebsten an die Kehle gefahren. Der Minister, der seinen Sohn nicht aus den Augen ließ, errieth dessen Gedanken und hielt es für angezeigt, die unerquickliche Situation zu beenden. Er stand auf.

„Das wäre also abgemacht," sagte er, sich zu einem natürlichen Konversationstone zwingend. „Sie werden Ihre Tochter noch heute von unserer Uebereinkunft in Kenntniß setzen, Herr Doktor?"

„Gewiß," entgegnete der Hausherr, sich gleichfalls erhebend. „Und ich hoffe, daß wir bei dem Kinde auf keine besonderen Schwierigkeiten stoßen."

„In sechs Monaten, nachdem die Trauerzeit abgelaufen, mag die öffentliche Verlobung stattfinden," sagte der alte Graf gepreßt, „um derselben dann in kürzester Frist die Hochzeit folgen zu lassen."

„Ganz einverstanden, Exzellenz," lächelte Trenner. „Und am Tage der Trauung erhalten Sie aus meiner Hand die gewissen Papiere — so wie wir es gestern bereits ausgemacht haben."

Wernshausen verneigte sich schweigend und verabschiedete sich dann mit seinem Sohn.

Die beiden Grafen stiegen wortlos die Treppe hinunter. Selbst als sie bereits im Wagen saßen und nach dem Ministerhotel fuhren, schwiegen sie geraume Zeit.

„Ich danke Dir," sagte endlich Wernshausen und drückte leicht den Arm seines Sohnes, „ich danke Dir, daß Du der Sache diese Wendung gabst! Ich fürchtete schon, Du würdest im entscheidenden Momente das Opfer versagen."

Der schmerzliche Seufzer, der aus dem Munde Herbert's drang, ließ erkennen, wie schwer ihm dieses Opfer in der That geworden war.

Als die Equipage an der Auffahrt des Palais Wernshausen hielt, verließen Vater und Sohn stumm den Wagen und traten, von dem Portier ehrerbietigst begrüßt, in das Vestibüle.

„Und wie denkst Du Dich Deinen Bekannten gegenüber zu verhalten?" begann der alte Graf endlich, als sie langsam die breite Freitreppe emporstiegen.

„Nun, schon durch mein anfängliches Heirathsprojekt mit — Frau v. Mühlhoff ist eine gewisse Kluft zwischen mir und meinen Freunden entstanden, die ich nun zu beseitigen um so weniger Ursache habe, als mich dieselbe davor schützt, allzu oft über die Beweggründe zu meiner Vermählung ausgefragt zu werden." Herbert lachte bitter auf. „O, das wird Sensation machen, hahaha! wenn man meinen neuesten Geniestreich erfährt!"

„Und wenn man Dich dennoch fragen sollte?"

„Dann mögen sie selbst eine passende Erklärung suchen. Uebrigens werde ich müßige Schwätzer von mir ferne zu halten wissen. Man wird sich an das Faktum gewöhnen wie — nun, wie auch ich mich vielleicht daran gewöhnen werde."

„Und wie willst Du Dich mit der Mühlhoff auseinander setzen?" fragte der Minister leise und ängstlich.

Eine dunkle Röthe flammte bei dieser Erinnerung in Herbert's Gesichte auf.

„Das wird sich finden," sagte er nach kurzem Besinnen; „bis ich mich mit dem Unvermeidlichen vertrauter gemacht habe!"

„Ah, gestehe, Herbert, Du hast noch einen Hintergedanken — Du hoffst vielleicht doch noch, daß bis zur Zeit der Vermählung eine jetzt nicht vorher zu sehende Wendung in der Sache eintreten könne, Du klammerst Dich an die schwache Möglichkeit, daß Ella Trenner bis dahin aus eigenem Antrieb zurücktreten werde, Du hoffst vielleicht auf irgend ein außergewöhnliches Ereigniß!"

„Sie irren sich, Vater," entgegnete Herbert entschlossen, „ich hoffe nicht mehr, sondern werde mich dem Unvermeidlichen ohne Widerstreben unterziehen!"

———

Als er die Gäste bis in's Vorzimmer hinaus geleitet hatte, ging Trenner nach dem Salon. Aber das Gefühl des Triumphes über das Gelingen seines Planes, so weit derselbe wenigstens den jungen Wernshausen betraf, wurde stark beeinträchtigt durch die bange Ungewißheit, wie sich der andere Theil, der an der Angelegenheit betheiligt war, seiner Eröffnung gegenüber verhalten würde.

Im Salon traf er Ella, die in der Fensternische stand und dem Wagen des Ministers nachblickte, welcher eben davon rollte. Sie bemerkte die Anwesenheit ihres Vaters nicht eher, bis dieser die Hand auf ihre Schulter legte.

„Ah, Du bist's!" sagte sie, leicht zusammenfahrend. „Ich bemerke eben zu meinem Erstaunen, daß die Herren uns verlassen haben, ohne sich mir zu empfehlen."

„Nimm es ihnen nicht übel, mein Kind. Graf Herbert ist ein eigenthümlicher Kauz, wie Du vielleicht schon beobachten konntest. Er denkt und fühlt etwas anders als die übrigen Leute. Ja, Du würdest erstaunen, welch' seltsame Manieren er hat, um — hm! — seine Sympathien für gewisse Personen auszudrücken; er ist vielleicht schüchtern, rauh —"

Der Notar lächelte verlegen und hielt inne. Ella sah ihn erstaunt an; in solch' zärtlichem, mildem Tone hatte er noch selten zu ihr gesprochen.

„Du hast Recht, Papa," sagte sie und kam aus der Fensternische hervor, „das ist ein ganz eigenartiger Charakter — gar nicht wie die andern jungen Herren, die ich bisher kennen gelernt habe, die mir immer nur fade Komplimente zu kosten gaben."

„Nicht wahr? Nun, da hättest Du ja gleich einen Menschen gefunden, der sich über das alltägliche Niveau erhebt, das Dir so verhaßt erscheint. Kommt er vielleicht jenem Ideale nahe, das Du Dir bisher als so unmöglich geträumt hast?"

Ella hob überrascht den Kopf, um sich dann schnell abzuwenden, als sie dem lächelnden Blick des Vaters begegnete. Sie stützte sich auf die Lehne eines Sessels und sah nachdenklich vor sich hin. Die väterlichen Worte hatten eine verborgene Saite in ihrem Herzen angeschlagen, einen Ton, der so wundersam erklang und durch ihr ganzes Innere vibrirte.

Trenner machte wieder einen Gang durch das Zimmer, um sich Muth zu verschaffen; er wollte nun ohne Weiteres mit seiner Eröffnung beginnen, die er nicht lange mehr verschieben konnte.

„Höre, mein Kind," sagte er dann im oberflächlichsten Plaudertone, „wir wurden eigentlich durch den Besuch der Grafen Wernshausen in einem Zwiegespräche unterbrochen, welches mich sehr interessirt hätte —"

„Wie meinst Du, Papa?" fragte Ella.

„Du sagtest vorhin, Du würdest Dich — das heißt, wenn ich mit einem Projekte für Deine Zukunft an Dich heranträte — als folgsame Tochter in meine bessere Einsicht fügen — war es nicht so?"

„Du hast Dir wohl nur einen Scherz gemacht —" war die zögernd gegebene Antwort.

„Nein, nein — es könnte ja immerhin Ernst daraus gemacht werden. Ich sprach von einer Heirath, die Dir ja doch nicht erspart bleiben wird, obgleich Du in Deiner Weisheit eine solche Nothwendigkeit nicht recht einsehen wolltest. Nun, wenn ich Dir also sofort beweisen würde, daß ich mit meinen Vorschlägen nicht gescherzt habe... Du würdest doch die brave Tochter, die in ihrem Vater den besten Rathgeber anerkennt, nicht Lügen strafen?"

„Nein, allein, Papa — das wirst Du doch selbst einsehen — das geschah doch nur im gleichgiltigen Gespräch, in der Voraussetzung, daß Du nur im Scherze —"

„Larifari! Was sind das nun mit einem Male für Verwahrungen und Verschanzungen, hinter welche Du Dich verkriechen willst?"

Ella wollte etwas entgegnen, schien aber nicht die passenden Worte zu finden. Sie stampfte mit dem Füßchen auf den Teppich und ging wieder an's Fenster.

Das Gesicht Trenner's nahm plötzlich einen überaus

pfiffigen Ausdruck an. Er kniff abwechselnd bald das eine, bald das andere Auge zu, spitzte den Mnud und rieb sich sehr behaglich die fetten Hände. Ihm schien eine ganz merkwürdige Idee gekommen. Er näherte sich seiner Tochter und zwang sich jetzt zu einem fast zornigen Ton.

„Ich will eine bündige Antwort haben. Willst Du also Deine früheren Worte widerrufen? Glaubst Du wirklich Aussicht zu haben, einen Manu zu gewinnen, der sich über die Masse seiner Kameraden erhebt und den Du würdig befinden könntest, mit Deinem Jawort, mit Deiner ewigen Neigung zu beglücken?"

„Spotte nur, Papa! Doch ich will Dir gestehen, daß ich etwas übereilt war. Ich müßte doch erst überlegen — was willst Du mich überhaupt drängen; ich bin doch noch jung genug, um Zeit zu haben. Ich habe noch nie an das gedacht, was Du als eine ‚Nothwendigkeit‘ betrachtest; laß also mit diesem Gedanken mich in der Welt, in der Gesellschaft umsehen, Menschenkenntniß sammeln, ehe ich Dir auf Deinen Vorschlag eine Antwort geben kann."

„Auch gut," sagte Trenner sehr gelassen und nahm wieder seine Promenade durch das Zimmer auf. „Du sollst Deinen Willen haben; ich will Dich in keiner Weise beeinflussen. Einstweilen aber kann ich Dir so ganz neben=her die Mittheilung machen, daß soeben Excellenz Graf Wernshausen im Namen seines Sohnes um Deine Hand angehalten hat."

Diese kurze Bemerkung mußte gerade durch den ruhigen, geschäftsmäßigen Ton, mit welchem sie vorgebracht wurde, um so überraschender wirken. Ella konnte einen kurzen

Ruf des höchsten Erstaunens nicht unterdrücken. Dann biß sie die Zähne aufeinander und wandte sich langsam nach dem Vater um.

„Du bist heute außerordentlich witzig, Papa!" sagte sie leise, ihre Stimme zitterte.

„Ah, Du glaubst, ich rede nicht im Ernste? Das wäre ein sehr schlechter Spaß, mein Kind! Nein, es ist so, wie ich Dir sage: Graf Herbert hat mich in aller Form um Deine Hand gebeten — durch den Mund seines Vaters, wie es gute alte Sitte ist."

„Was soll das heißen? Er sah mich heute zum ersten Male —"

„Wer weiß!" lächelte der Notar mit einem vergnügten Augenzwinkern. „Er scheint Dich länger zu kennen, als Du glaubst. Vielleicht hatte er Gelegenheit, Dich heimlich zu beobachten. Jedenfalls kam er schon mit dem Vorsatze hierher, den er nun, wie Du hörst, ausgeführt hat. Der Besuch der beiden Grafen hatte nur diesen Zweck."

„Und Du wußtest um diesen Zweck?"

„Noch ehe sie kamen. Ich wurde bereits gestern durch den Minister darauf vorbereitet. Deshalb auch meine Anspielungen vorher. Du siehst also, daß ich keinen Grund zum Scherzen hatte. Ich gestehe allerdings selbst, daß diese Brautwerbung und die Form, in welche sie gekleidet wurde, eine sehr seltsame, ja befremdliche ist, aber — der junge Graf ist eben ein außerordentlicher Mensch, der Alles haßt, was Schablone ist. Doch das kann Dich doch nicht geniren — Du schwärmst ja für das Ungewöhnliche. Da hast Du nun endlich etwas Derartiges, das sich über das Alltägliche erhebt!"

„Seltsam!" flüsterte Ella kopfschüttelnd mit finsterem Blick. „Dabei meint dieser Herr Graf wohl, ich würde mich ohne Weiteres in seine Arme werfen und ihm danken, daß er mich für würdig befunden, die Gemahlin des hochadeligen Herrn v. Wernshausen zu heißen! Aber er könnte sich täuschen, der Herr Graf."

„Du irrst, mein Kind," lenkte der Vater ein, „er ist durchaus noch nicht von Deiner Einwilligung überzeugt, vielmehr bat er mich, Dir ganz die Entscheidung zu überlassen."

„Hast Du vielleicht schon Dein Jawort abgegeben?"

„Beruhige Dich," entgegnete der Advokat, „das ist nicht geschehen, aber ich sehe in der That nicht ein, was Dich bestimmen könnte, Nein zu sagen."

Ella schwieg und preßte die feinen Hände an die Schläfen, als wolle sie ihre schwirrenden Gedanken festhalten.

„Ich kann jetzt nichts sagen," rief sie endlich, „lasse mir Zeit zur Ueberlegung, Papa, morgen — übermorgen will ich Dir und ihm eine bestimmte Antwort ertheilen!"

Damit riß sie die Portière am Eingang des Salons zurück und eilte mit raschen Schritten nach ihrem Zimmer. Der Notar sah ihr, mit auf den Rücken gelegten Händen, noch lange nach; ein vergnügtes Lächeln umspielte seine Lippen.

„Sie wird!" murmelte er für sich. „Sie wird Gräfin Wernshausen — und ich habe das letzte Ziel meines Strebens erreicht!"

## Vierzehntes Kapitel.
### Der neueste Skandal.

Zwei Tage später war Abendgesellschaft bei der Baronin Mühlhoff. Alle die befrackten und uniformirten Schmetterlinge, die es als eine Lebensaufgabe betrachten, den jeweiligen „Stern" der Gesellschaft zu umflattern, fanden sich pünktlich dazu ein. Herrn v. Udelbach's gefälliger Manier und überschwänglichen Galanterien war nicht anzumerken, daß erst vor wenigen Tagen sein letztes Gut subhastirt worden war. Seine Miene war so heiter, seine Laune so rosenfarbig, wie ungefähr die Seiner Hoheit des Prinzen Othenio Bamillarez, der heute wie gewöhnlich das fabelhafteste Glück am grünen Tische zu verzeichnen hatte. General Schlingheim fluchte wie gewöhnlich, daß er seine unbezwingliche Vorliebe für das Pharao wieder einmal mit einem sehr beträchtlichen Geldverluste bezahlen gemußt, und Baron Limbach drängte sich durch die Reihen der Gäste, überall hinhörend, bald hier, bald dort ein Geplauder anknüpfend, wie es seine Gewohnheit war.

Er hatte vergeblich nach seinem Freunde Herbert ausgeschaut und wußte nicht, ob er das auffällige Fernbleiben desselben in seinem Sinne günstig oder ungünstig aufzufassen habe. Uebrigens hatte er bereits bemerkt, daß die Herrin des Hauses über das räthselhafte Verhalten des Grafen nicht weniger im Unklaren war, denn Frau v. Mühlhoff erschien gegen den Troß ihrer Anbeter heute ungnädiger als jemals. Sie hatte sich in ganz kleiner Gesellschaft an den Theetisch im letzten Salon zurückgezogen, und überließ es ihrer Gesellschaftsdame, Frau v. Spohr, einer alten, sehr kurzsichtigen Wittwe, die Honneurs zu machen.

Zu dem kleinen Kreis der Auserwählten, die in der nächsten Nähe der Baronin verweilen durften, gehörte auch — als vornehmster Gast — der orientalische Prinz, ferner der Husarenlieutenant v. Prangel, welcher diese Gunst lediglich seiner vertrauten Kenntniß aller pikanten Affairen verdankte, die sich die Klatschbasen der Residenz in's Ohr flüsterten. Was aber den Dritten in diesem Bund der besonders Beglückten anbelangte, so war man über dessen Persönlichkeit nur oberflächlich unterrichtet. Einige wollten wissen, es sei ein junger Maler, der von irgend einer ausländischen Akademie nach der Residenz gekommen sei, um sich wahrscheinlich bei Hofe vorstellen zu lassen. Zwei oder drei besonders Eingeweihte wußten sogar den Namen dieses jungen Künstlers: Stephan Brandt, und setzten hinzu, dieser Name habe in der Kunstwelt, nach der Versicherung der Baronin Mühlhoff, einen guten Klang, was nicht bezweifelt werden konnte, da die Wenigsten der hier Anwesenden in eben dieser Kunstwelt so bewandert sein mochten, um dieses für Herrn Brandt so günstige Gerücht zu dementiren. —

„Sieh' da, sieh' da," meinte Limbach, sich lächelnd an seinen Freund, den Grafen Goswitz, wendend, den er eben bemerkt hatte, „hier treffen wir uns wieder! Hören Sie, mein lieber Freund, ich fange nach und nach an zu glauben —"

„Was, mein bester Baron?"

„Daß der gewaltige Magnetismus, den eine gewisse Dame in diesem Hause ausströmt, auch auf Sie seine Wirkung äußert."

„Wenn Sie das blos aus meiner Anwesenheit hier schließen, so könnte ich wohl auch auf Sie einen solchen Verdacht lenken."

„Nein, mein Werthester, das glaubt selbst die böseste Verleumdung nicht; die Gefühle, die ich für die Mühlhoff hege, sind zu bekannt. Sie wissen ja, daß ich nur im Interesse meines Freundes Herbert hier meine Beobachtungen anstelle."

„Und eine ähnliche Ursache liegt auch meinem Besuche in diesem Hause zu Grunde; ich kam nämlich soeben an, um Sie aufzusuchen, da ich bestimmt wußte, daß ich Sie hier treffen könne. Wissen Sie noch nicht, was man sich in jüngster Frist von den Wernshausens erzählt?"

„Wie, von Vater und Sohn? Was meinen Sie?"

„Der Minister soll bei Seiner Majestät sein Entlassungsgesuch eingereicht haben."

„Was Sie sagen!" rief der Baron auf's Höchste überrascht. „Das ist das erste Wort, das ich davon höre. Aber wer weiß, ob etwas Wahres daran ist. Woher haben Sie diese sensationelle Nachricht?"

„Aus dem Munde des Oberhofjägermeisters Graf Neufeld, der direkt aus der Hofkanzlei kam, wo er die Geschichte aus erster Hand, brühwarm, erfahren hatte. Ich traf ihn vor dem Palais des Ministers; er war selbst beim alten Grafen gewesen, um sich die Neuigkeit bestätigen zu lassen. Beim Minister konnte er nicht vorkommen; es hieß, Excellenz fühlen sich unwohl. Dafür aber konnte Neufeld den Freiherrn v. Blank sprechen, der den Rücktritt seines Vetters von den Geschäften ihm wirklich bekräftigte. — Und wissen Sie, was der Jägermeister noch erfuhr? Graf Herbert wird sich demnächst verloben."

„Wahrhaftig?" lachte Limbach, „nun, das ist doch keine Neuigkeit mehr."

„Wer weiß," erwiederte der Graf mit pfiffiger Miene, „denn diese Verlobung soll eine ganz überraschende Pointe haben. Ich würde es nicht wagen, daran zu glauben, wenn mich Graf Neufeld nicht versichert hätte, diese Nachricht direkt aus dem Munde des Notars Trenner erfahren zu haben, der bei der unvermutheten Wendung in Wernshausen's Heirathsprojekten in der That stark interessirt wäre."

„Wieso? Der Doktor Trenner?"

„Nun, gerade heraus gesagt — aber lachen Sie mich nicht aus! — Herbert soll sich mit — mit einer **anderen** Dame verloben."

Limbach fuhr zurück und starrte den Sprecher eine Sekunde lang wortlos an.

„Was?" rief er dann, „Herbert will die Baronin Mühlhoff aufgeben, und eine andere Ehe eingehen?"

Goswitz zuckte die Achseln. „So behauptete wenigstens Trenner."

„Aber sagen Sie mir doch um des Himmels willen, was das bedeutet? Das übersteigt ja alle Begriffe!"

„Nun, man will ja Proben haben, daß die Ent-

schlüsse des Herrn Grafen oft ebenso wunderbar als plötz=
lich sind."

„Und auf wen soll denn jetzt mit einem Male seine
Wahl gefallen sein? Wen will er denn jetzt zur Gräfin
Wernshausen machen, der heillose Mensch?"

„Fräulein — Ella Trenner, die Tochter des Notars!"
flüsterte Goswitz.

„Haha," lachte der Baron auf. „Sind wir denn im
Karneval, in der Zeit der tollen Maskenscherze? — Wenn
sich aber," fuhr er ernsthaft fort, „wirklich herausstellen
sollte, daß dies Verlobungsgerücht wahr ist, dann hätte
allerdings sein Fernbleiben am heutigen Abend eine hin=
reichende Erklärung gefunden. Sollte es zwischen Herbert
und der Mühlhoff etwas gegeben haben? Die Baronin
sieht mir ganz darnach aus."

„Hm, vielleicht haben Sie Recht," meinte Goswitz.
„Der junge Maler, der sich da drinnen an ihrer Seite
breit macht, soll ja im Pavillon ihres Gartens sein Atelier
aufgeschlagen haben."

„Ja, Frau v. Mühlhoff läßt sich von Herrn Brandt
porträtiren, wie sie selbst vorhin erklärte," lachte Limbach;
„sie will vielleicht ihren Bräutigam mit ihrem Bildniß
überraschen!"

„Wäre nicht übel. Schade, daß der Graf für eine solche
Ueberraschung wenig Sinn und Dankbarkeit zu haben scheint."

„Jedenfalls will ich noch heute unseren Freund auf=
suchen. Ich werde mich nicht abweisen lassen, wenn er
sich auch, wie schon einige Male, verleugnen läßt — er
soll mir endlich reinen Wein einschenken!"

Damit verabschiedete sich Baron Limbach von Goswitz und verließ in Eile das Haus der Frau v. Mühlhoff. —

Auch von anderen Herren wurde inzwischen bereits der bevorstehende Rücktritt des Ministers Wernshausen besprochen, der kein Geheimniß mehr war. Andere wußten hinzuzufügen, daß Graf Herbert plötzlich verreist sei, und nun begab man sich daran, zu kombiniren und Vermuthungen aufzustellen, die bald die beiden Thatsachen mit einander in Verbindung brachten. Man war bald darüber einig geworden, daß die Vermählung Herbert's von allerhöchster Seite hintertrieben sei, weshalb sich der Minister genöthigt sähe, auf seinen Posten zu verzichten, während Graf Herbert, um sich allem Gerede zu entziehen, Knall und Fall die Residenz verlassen habe.

Mehrere der Gäste näherten sich jetzt der Baronin, um Abschied zu nehmen; daran wäre allerdings nichts Auffälliges gewesen, denn die Zeit war schon so weit vorgeschritten, aber Irene konnte es nicht entgehen, daß die an sie gerichteten Abschiedsworte etwas Eigenthümliches, fast Verlegenes hatten. In allen Ecken hatten sich Gruppen gebildet, die etwas Angelegentliches zu diskutiren schienen, dabei sah die Baronin von allen Seiten verstohlene Blicke auf sich gerichtet; sie konnte nicht länger in Zweifel bleiben — es war irgend eine Nachricht aufgetaucht, die mehr oder weniger auf sie Bezug haben mußte. Und daß diese Nachricht keine für sie besonders erfreuliche sein mochte, das konnte sie aus dem deutlich sichtbaren Bestreben entnehmen, ihr dieselbe zu verbergen.

Lieutenant v. Prangel hatte selbstverständlich mit dem

ihm besonders eigenthümlichen Feingefühl für Alles, was nur entfernt einer pikanten Neuigkeit ähnlich sah, sofort gewittert, daß da hüben und drüben — auf allen Seiten „etwas los" sein mußte. Er rückte unruhig auf seinem Stuhle hin und her, nach einer geschickten Ausflucht suchend, die es ihm ermöglichen könnte, da draußen Erkundigungen einzuziehen, ohne das Befremden der schönen Hausfrau zu erregen. Als ihm endlich Herr v. Püllnitz, sein Busenfreund, von der Schwelle des Mittelsalons her einen heimlichen, aber sehr bedeutsamen Wink gab, konnte er seine brennende Neugier nicht länger zurückhalten. Er raffte sich schon zu irgend einer entschuldigenden Phrase auf, da kam ihm die Baronin selbst zu Hilfe, indem sie sich an ihn wandte.

„Ach, Herr v. Prangel, wollten Sie nicht vielleicht die Güte haben, im anderen Zimmer Frau v. Spohr aufzusuchen? Die gute Dame vernachlässigt uns ganz, und Sie, meine Herren, werden es doch gewiß nicht verschmähen wollen, mit mir noch eine letzte Tasse Thee zu trinken?"

„Sie entzücken uns," flötete Prinz Vamillarez mit feinem süßlichen Accent, in welchem er seiner deutschen Aussprache ein gewisses exotisches Parfüm verlieh. „Wir werden uns — bei San Jago! — ganz besonders glücklich fühlen, wenn Sie uns gestatten, noch einige Minuten in Ihrer himmlischen Nähe zu verweilen."

Brandt senkte den Blick, als er die Augen Irenens auf sich gerichtet sah. Ihm war überhaupt nicht ganz wohl in dieser Gesellschaft. Er wußte, daß er hier nicht mehr galt, als irgend eine Wandverzierung, ja daß man ihn von mehr als einer Seite aus als einen Eindringling betrachtete, gegen welchen man sich nicht reservirt genug verhalten konnte. Diese Erkenntniß hätte es ihm gewiß unleidlich gemacht, hier auszuharren, wenn nicht sein Gegenüber, die blendende Hausfrau, der Magnet gewesen wäre, der ihn hier wie mit Zauberkräften festhielt. In ihren Anblick verloren, war ihm das ganze Getriebe rings umher gleichgiltig; aber sonderbar, er vermochte nicht die immer wiederkehrenden Gedanken zu verscheuchen, welche ihm neben der glänzenden Erscheinung der Baronin immer und immer wieder ein anderes Traumbild vor den seelischen Blick schoben. Das summende Geplauder, das an sein Ohr schlug, lullte ihn in eine Art geistigen Schlummers, in welchem er aus der oder jener entfernteren Gruppe eine bekannte Stimme, die Stimme Richard Vollbrecht's herauszuhören vermeinte. Oft fuhr er auf und lauschte gespannt dahin, von wo der sonore Ton herzukommen schien. Dann merkte er freilich seinen Irrthum und dann überkam es den Maler so seltsam bedrückend, er fühlte sich doppelt vereinsamt, weil es ihm schien, als habe er selbst einen Theil der eigenen Seele verloren und mit ihm alle seine frühere Freude am Leben — an seiner schönen, geliebten Kunst.

Er fuhr fast zusammen, als vor seinem gesenkten Auge die magere Hand der Gesellschaftsdame Frau v. Spohr auftauchte, die ihm seine Theetasse füllte.

„Ei, Herr Brandt," drang im selben Moment die Stimme Irenens an sein Ohr, „Sie sehen ja so angestrengt auf den Grund Ihrer Tasse, als wollten Sie daraus, wie die Wahrsagerinnen aus dem Kaffeesatze, sich etwas prophezeien."

Brandt lächelte trüb. Er hatte eine unbestimmte Ahnung, daß eine solche Prophezeiung für ihn keine günstige gewesen wäre.

In diesem Augenblick kam Herr v. Prangel wieder an den Theetisch zurück. Irene sah sofort, daß er etwas Wichtiges erfahren hatte, denn seine Miene strahlte förmlich unter dem Glanze der hochbedeutenden Geschichte, von der er soeben Kenntniß erhalten. Er ärgerte sich zwar im tiefsten Grunde seines Herzens darüber, daß er, der sonst alle Neuigkeiten zuerst wußte, die sensationelle Geschichte erst aus fünfter oder sechster Hand erfahren hatte, sonnte sich jedoch in der Erwartung der bedeutenden Wirkung, die er mit dieser Nachricht in anderen, bisher davon noch nicht unterrichteten Kreisen unfehlbar erzielen mußte. Jetzt war er lediglich von dem Streben beseelt, die Baronin und ihr Haus so schnell als möglich zu verlassen, um seine große Neuigkeit nach allen Windrichtungen zu verbreiten.

(Fortsetzung folgt.)

# Der Vormund.

## Novelle
### von
### A. G. v. Suttner.

(Nachdruck verboten.)

## 1.

„Kairo, 13. Februar 1880.

Herrn Rüdiger Grafen Frankenstein. Wien. Grand-Hotel.

Lieber Rüdiger!

Heute haben wir Deinen armen Oheim zu Grabe getragen. Ich kann mir denken, mein Junge, wie Dich meine Depesche erschüttert haben wird, wenn Du auch darauf gefaßt gewesen sein mußtest, Deinen letzten Verwandten nicht mehr zu sehen. Du stehst jetzt allein auf der Welt, und ich fürchte, dieses Alleinstehen wird für Dich noch allerhand Bitterkeiten im Gefolge haben; bereite Dich auf weitere schlimme Nachrichten vor, Du weißt: ein Unglück kommt nie allein!

Doch ich will nicht heute schon mit meinen Eröffnungen kommen; das Böse erfährt man noch immer zeitig genug. Ich verlasse morgen Kairo; in zehn Tagen bin ich bei Dir.

Mit Gruß Dein Hollbach."

Dieser Brief erhöhte die Aufregung Rüdiger's, in der er sich befand, seitdem ihm der Telegraph die Nachricht vom Ableben des kranken Oheims gebracht hatte. Vor drei Tagen war es gewesen. Eben von einer lustigen Gesellschaft heimgekehrt, wo man viel Champagner getrunken, Austern und Trüffelpastete gegessen, gespielt, und wo er ausnahmsweise einmal tüchtig gewonnen — also in der besten Laune — hatte er auf seinem Tische die Unglücksbotschaft gefunden. Der gute Mann, der den Neffen wie einen eigenen Sohn gehätschelt und verzogen, der zu dessen oft recht thörichten Streichen immer ein Auge zugedrückt und nur ein „aber, aber!" gesprochen, wenn es geheißen, dringende Schulden bezahlen — dieser liebenswürdige Mann war nun nicht mehr.

Und jetzt, kaum daß der erste Schmerz überstanden war, jetzt schrieb ihm der alte Freund des Oheims, daß er sich noch auf weitere schlimme Nachrichten gefaßt machen solle!

Er überflog nochmals das eben empfangene Schreiben, legte es mit einem Seufzer auf den Tisch zurück und nahm ein paar andere Briefe zur Hand, welche die Post gebracht hatte. Herr Isidor Blech, der Schneider nach der Mode, erlaubte sich, Seiner Hochgeboren in Erinnerung zu bringen, daß sich noch in seinem Hauptbuche ein kleiner Posten von nur 1250 Gulden vorfand, den er nunmehr löschen zu dürfen hoffe. Schuster und Wäschehandlung mahnten ebenfalls. Der Pferdehändler bat um Begleichung seiner Forderung, der Agent Joseph Schmecker endlich ersuchte den Herrn Grafen, nicht zu vergessen, daß in vierzehn Tagen ein Wechselchen zu prolongiren, oder noch besser einzulösen sei.

Mißmuthig schleuderte Rüdiger diese Zuschriften von sich. Halt, da lag noch ein Brief, oder vielmehr ein Briefchen, zart-rosa angehaucht, duftend, mit einer zärtlichen Devise in flimmerndem Farbendruck. Er war von der kleinen Eva, der Sängerin des Vorstadttheaters, der er an jenem verhängnißvollen Abende den Hof gemacht, nur aus Neid und Mißgunst, als er erfahren, daß sich ein reicher Bankierssohn um ihre Gunst bewarb. Jetzt nahm sie ihn beim Worte: heute trat sie zum ersten Male in der neuen Operette auf, und er sollte seinem Versprechen gemäß in der ersten Parterreloge erscheinen, um ihr nach dem Antrittsliede eine Blumenspende zuzuwerfen. So hatte er es versprochen.

Unsinn! Er war jetzt in Trauer, und dann gefiel sie ihm gar nicht, diese Eva. In der Champagnerlaune weiß man ja oft nicht, was man spricht und thut; auf dem Heimwege schon hatte er etwas wie Gewissensbisse verspürt, denn seit dem Karneval war er ernstlich verliebt in eine Würdigere, die schöne Ingrid, die Tochter des Barons Althausen, mit der er auf dem Balle bei Hofe den Kotillon getanzt hatte, die ihn in seinen Träumen umgaukelte und der er auf der Ringstraße stets zu begegnen wußte, wenn sie mit der Mutter ihre Promenade machte. Daß auch er ihr nicht gleichgiltig sei, schloß er aus verschiedenen kleinen Merkmalen.

Das Billet der rothen Eva hatte ihn auf die blonde Ingrid gebracht, und er schwelgte ein Viertelstündchen in den angenehmsten Träumen, dann aber kam das Bewußtsein des geschehenen Unglückes dazwischen und zerstörte die Bilder, um ihn zur Wirklichkeit zurück zu bringen.

Jetzt wurde die Thür leise geöffnet, und ein kleiner Groom erschien in derselben.

„Der Herr Baron Grilling läßt durch den Portier anfragen, ob der Herr Graf zu Hause sei."

„Freilich bin ich zu Hause!"

Das war gescheidt; der Freund und lustige Bruder brachte doch etwas Leben in den heute so düsteren Raum.

Nach wenigen Minuten ward Sporenklirren vernehmbar, und der Besucher trat einigermaßen polternd in's Zimmer. „Grüß Dich, Rüdiger!" er schlug mit dem linken Beine seitwärts aus, um nicht durch den Säbel gehemmt zu werden. „Habe eben die Todesanzeige erhalten, thut mir unendlich leid; war ein braver Mann, der Onkel."

Rüdiger drückte die dargebotene Hand.

„Na, müssen einmal Alle in's Gras beißen," nahm der Lieutenant seine Rede wieder auf. „Schon einmal so dumm eingerichtet. So ein lumpiger Papagei überlebt Jahrhunderte, und wir, die Herren der Schöpfung, sind auf ja und nein kaput; zu blöde!"

„Karl, Cigaretten!" befahl der Graf dem dienenden Knirps, der an der Thüre stehen geblieben war und jetzt in's Schlafgemach eilte, um das Gewünschte zu holen: Er versah die beiden Herren mit Feuer und verließ hierauf das Zimmer.

„Ja, Hans," nahm Rüdiger das Wort, „eine traurige, recht traurige Geschichte. Freilich wußte ich, daß der arme Onkel nicht mehr lange zu leben hatte, aber trotzdem hat mich die Nachricht gewaltig erschüttert."

„Begreife es, armer Kerl. Aber was hilft das Jammern? Dadurch wird er nicht lebendig. Mußt Dich etwas zerstreuen, Rüdiger; die kleine Eva hat heute ihr —"

„Wo denkst Du hin! Ich kann doch nicht im Theater erscheinen."

„Na, so machen wir was Anderes, kommen heute Abend zu Dir zu einer Parthie; ist's Dir recht so?"

„Gewiß wird es mich freuen, euch zu sehen."

„Nach dem Theater erst, natürlich. Du weißt, Stubenheim, Kirchberg und Friedegg haben heute Balletdienst; müssen erst die kleinen Ratten nach Hause fahren, sonst gibt's ein Schmollen und Trotzen. Felbing erwartet eine alte Tante, mit der er den Thee trinken muß, 's ist eine Erbtante; und ich — ich —"

„Du wirst vielleicht die Güte haben, meine Stelle im Karltheater zu vertreten, ja?"

„Wenn Dir ein Gefallen damit geschieht —"

Rüdiger hatte die kleine Verlegenheit des Besuchers bemerkt.

„Ja, es geschieht mir ein großer Gefallen, wenn Du dem ersten Auftreten der Kleinen beiwohnst," erwiederte er, schwach lächelnd. „Ich möchte wenigstens nicht wortbrüchig werden." Er zog seine Brieftasche und entnahm derselben eine Banknote. „Sei so gefällig, einen Blumenkorb zu besorgen und denselben an seine Adresse gelangen zu lassen; vergiß auch nicht, der kleinen Eva zu sagen, daß wir uns nun lange nicht sehen werden."

„Schön, schön, will's in Ordnung bringen." Der Lieutenant erzählte noch in seiner modernen abgehackten Manier einige Schnurren, die er im Kaffeehause oder hinter den Coulissen gesammelt hatte, und machte sich sodann wieder auf den Weg.

Rüdiger verbrachte ein paar langweilige Stunden allein, bis er sich endlich zum Ausgehen umkleidete. Wie gewöhnlich nahm er seinen Weg über die Ringstraße, bei der Oper vorbei bis zum Kaisergarten, und auch heute begann ihm wieder das Herz zu klopfen, als er der erwarteten Damen ansichtig wurde. Jetzt bog Ingrid eben mit ihrer Mutter um die Ecke, so daß er dicht an ihnen vorüberkam. Er zog den Hut und wollte vorbei gehen, aber die Aeltere rief ihm zu: „Guten Tag, lieber Graf! Mit großem Bedauern haben wir von dem schweren Verluste vernommen, der Sie getroffen hat."

Selbstverständlich blieb er stehen, grüßte nochmals und ergriff die dargebotene Hand, um gleich darauf noch eine zweite zu drücken, die sich ihm entgegengestreckt hatte.

„War mein Mann nicht bei Ihnen?" frug die Baronin. „Er wollte Ihnen sein und unser Beileid persönlich ausdrücken."

„Zu liebenswürdig vom Herrn Baron," versetzte Rüdiger gerührt. „Es thäte mir sehr leid, wenn ich seinen Besuch versäumt hätte."

„Wollen Sie uns ein Stück begleiten?"

Natürlich wollte er das. Er ließ sich's nicht zweimal sagen und schloß sich den beiden Spaziergängerinnen an.

„Bleiben wir lieber hier auf dem Burgring; drüben wird es bei dem schönen Wetter von Bekannten wimmeln."

„Ganz einverstanden." Er vertiefte sich in ein Gespräch mit der Mutter und fand dabei Muße, die Tochter zu betrachten. Wie hübsch sie heute wieder aussah! Diese dunkle Toilette mit der anliegenden Pelzjacke, dem kurzgeschürzten Kleide, unter dem die schmalen Füßchen in schwarzen Tuchgamaschen herausguckten — alles das stand ihr vortrefflich. Dazu der kleine Filzhut mit aufgebogenen Krempen und Fasanflügel — die ganze Erscheinung machte den Eindruck einfacher, aber wirklicher Vornehmheit.

Zweimal schritten sie plaudernd auf und nieder, dann meinte die Mutter, es sei nun Zeit, die Einkäufe zu besorgen, die sie vorhatten. Etwas ängstlich frug er, ob seine Gegenwart dabei störend sei, und freudig leuchtete sein Blick, als Ingrid rasch einfiel: „Mama, Graf Frankenstein könnte uns bei der Auswahl von Schlittschuhen behilflich sein."

Ohne Zweifel konnte er das, denn er war selbst ein vortrefflicher Läufer.

„Also haben Sie sich doch entschlossen, den Versuch zu machen?" frug er mit dankbarem Blicke.

„Freilich. Man muß doch mit den Anderen mitthun." Allerdings sei es langweilig, erst zu lernen, aber da wußte Rüdiger sogleich Rath:

„Wenn Sie mir gestatten wollen, Ihnen die Anfangsgründe beizubringen — ich habe schon einige Male mit Schülern Erfolg gehabt."

„Das ist wohl sehr liebenswürdig von Ihnen, aber es wäre doch eine arge Zumuthung, wenn wir Ihnen diese Bürde aufladen wollten," fiel die Mutter ein.

„Bürde?" war die vorwurfsvolle Antwort. „Können Excellenz das ernstlich meinen? Ich würde mich glücklich schätzen, wenn sich Baronin Ingrid meiner Führung anvertrauen wollte." Er schwieg plötzlich, denn er spürte, daß er zu warm wurde.

Die Schlittschuhe wurden gekauft, aber der Unterricht sollte erst anfangs nächster Woche beginnen, und so bestimmte man denn Tag und Stunde, um sich hierauf zu verabschieden.

Die Aussicht, dem jungen Mädchen als Lehrmeister zu dienen, gefiel Rüdiger so ausgezeichnet, daß er in Erwartung dieser bevorstehenden Annehmlichkeit auf eine halbe Stunde seinen Kummer vergaß; erst als er jenen Theil der Ringstraße betrat, wo sich die elegante Welt erging, und wo es nun zwischen allerlei Fragen und Beileidsbetheuerungen Spießruthen laufen hieß, erst jetzt wurde er seinen angenehmen Träumereien wieder entrissen. Bald begab er sich nach Hause.

Die Zeit bis zum Abend wollte kein Ende nehmen; sie schien ihm um so länger, weil ihm wieder der Brief des alten Freundes in Erinnerung kam und Stoff zu allerhand unerquicklichen Grübeleien gab. Hätte der Schreiber lieber gleich gesagt, was noch Alles bevorstand, wäre es besser gewesen; so zermarterte er sich mit Vermuthungen den Kopf, ohne natürlich zu einem bestimmten Schlusse kommen zu können, wenn er auch annehmen mußte, daß sich die Worte des Alten auf Geldangelegenheiten bezogen.

Der kleine Diener brachte die Lampe und frug seinen Herrn, ob er etwas befehle.

„Ja, sage unten, daß man für sechs Personen ein Abendessen bereit halte; wir werden es hier einnehmen."

Um die Zeit todt zu schlagen, nahm Rüdiger ein Spiel Karten und legte einige Patiencen auf. Frage: „Wird noch Alles gut enden?" Spaßig! Eine nach der anderen ging glatt auf, selbst jene, die sich bisher immer hartnäckig gezeigt hatte. Da mußte er doch noch eine besondere Frage stellen, die in der früheren eigentlich nicht genau enthalten war: „Wird Ingrid einst mein werden?"

Nein, nein, und noch dreimal nein! Das war doch deutlich.

„Dumm!" brummte er und warf die Karten mißmuthig hin. „Und nun gerade!" entschied er aufspringend. „Sie wird, sie muß!"

Stimmen wurden hörbar und Schritte, die sich näherten. Jetzt riß Karl die Thür auf, und die Genossen traten ein.

Man setzte sich um den Kamin. Anfangs war das Gespräch schleppend und wurde in gedämpftem Tone geführt, um die Stimmung des Hausherrn zu ehren, nach und nach kam aber mehr Leben in die kleine Gesellschaft und bald war wieder der alte Ton gefunden: Ballet, Gesellschaftsklatsch, Spiel und dergleichen wichtige Dinge gaben den Stoff ab.

Mittlerweile erschienen zwei Kellner, welche die Tafel deckten, und das Abendessen wurde aufgetragen; man wußte schon im Hotel, wie der Graf das liebte.

Die Herren waren kaum beim Nachtisch angekommen, als schon Baron Stubenheim frug: „Na, machen wir eine Parthie?"

Selbstverständlich! Was hätte man sonst anders thun können, nachdem der Tagesklatsch beendet war? Rasch wurde die Tafel abgeräumt, Wein und Cigarren fanden auf einem Seitentischchen Platz, und nachdem die Kellner hinausgehuscht waren, ging das Baccarat los.

Um drei Uhr trennten sich die Freunde. Rüdiger hatte tüchtig verloren, und noch dazu vom Wein und Cigarrendampf Kopfschmerzen mit in den Kauf bekommen.

So hatte er wieder einen Abend „nutzbringend" verbracht, wie dies seit zwei Jahren bei ihm die Regel gewesen war.

### 2.

„Also da bin ich, mein lieber Rüdiger!" Mit diesen Worten trat Graf Hollbach, der Freund des verstorbenen Oheims, in's Zimmer. „Wie geht es Dir? Hast Du Dich von dem Schlage schon ein wenig erholt?" Er hatte den jungen Mann bei beiden Händen ergriffen und an's Fenster gezogen. „Na, ich muß sagen, besonders siehst Du gerade nicht aus."

Kein Wunder; am Abend vorher hatte er einer Spielparthie bei Stubenheim beigewohnt, die erst um sieben Uhr Morgens ihr Ende gefunden. Seine Geldbörse war leer wie ein ausgeblasenes Ei.

„Ja, armer Rüdiger, es ist traurig, recht traurig," sagte der Besucher kopfnickend, da jetzt die herbe Erinnerung wirklich dem Anderen einen Seufzer entpreßte. „Ich weiß nicht, soll ich Dir schon heute das Nähere mittheilen, oder noch ein paar Tage —".

„Nein, bitte, lieber gleich!" unterbrach ihn Rüdiger, der endlich wissen wollte, woran er sei.

„Vor Allem die Nachricht, daß mich Dein Onkel zu seinem Testamentsvollstrecker und zu Deinem Vormund ernannt hat."

Da keine Antwort erfolgte, fuhr der Graf fort: „Leider muß ich Dir die Eröffnung machen, daß es mit dem Nachlasse schlecht bestellt ist. Auf dem Gute Schönbüchl haften Schulden, die fast dem Werthe des Besitzes gleich kommen."

„So viel?"

„Wundert Dich das? Ich meine, Du hast selbst einiges dazu beigetragen, und Dein Onkel war schwach genug, jedesmal ohne Murren zu zahlen."

„Da dürfte wohl ein Irrthum vorliegen. Schönbüchl mag immerhin einen Werth von viermalhunderttausend Gulden haben."

„Gesetzt, es wäre so der Fall, obwohl das nach meiner Ansicht hoch gegriffen ist — weißt Du genau, mit wieviel es für Dich belastet wurde?"

„So ganz genau weiß ich es wohl nicht," stammelte der Befragte, „indeß —"

„Aber ich weiß es." Der Graf zog ein Papier aus seiner Brieftasche und las: „Im Januar 1878 für Rüdiger: zehntausend Gulden; Oktober desselben Jahres: fünftausend; März 79: zwölftausend; August: siebentausend; Dezember: zweitausend; Mai 80: achttausend; November: sechstausend. Das macht zusammen fünfzigtausend Gulden; die recht hohen Zinsen hiervon betragen dreitausendfünfhundert Gulden. Ferner lasteten auf dem

Besitze Hypotheken von achtzigtausend Gulden, als der Verstorbene denselben übernahm; davon machen die Zinsen viertausend, mithin Alles in Allem siebentausendfünfhundert Gulden. Das Gut trägt neuntausendfünfhundert Gulden, bleiben somit zweitausend Gulden für Dich zu verzehren."

Rüdiger schwindelte vor den Ziffern, und als jetzt der Andere schwieg, hatte er soviel begriffen, daß er mit einer Summe im Jahre auszukommen habe, die er manchmal in wenigen Stunden verspielt hatte.

„Hast Du verstanden?" frug der Andere, da noch immer keine Antwort erfolgt war.

„Ich glaube — so ziemlich."

„Nun aber noch Eins. Ich habe allen Grund, zu vermuthen, daß Du in der letzten Zeit wieder mehr verbraucht hast, als Du auszugeben hattest. Oder sollte ich mich täuschen?"

Rüdiger schüttelte niedergeschlagen den Kopf. „Leider muß ich gestehen —"

„Da haben wir's!" rief der Andere. „Ja, hätte Dein Onkel meine Rathschläge befolgt und damals, als es noch Zeit war, der Sache energisch ein Ende gemacht! Rüdiger, Rüdiger, ich fürchte, Du bist mit zweiundzwanzig Jahren an dem Ende Deiner Thätigkeit angelangt. Du hast in vierundzwanzig Monaten das genossen, was Anderen für ihre Lebenszeit gewährt ist. Deine Schuld allein ist es, wenn Du jetzt arbeiten und entbehren mußt, um das Dasein zu ermöglichen."

„Arbeiten? Schlimmsten Falls müßte man Schönbüchl gut zu verkaufen trachten," wagte der junge Mann zu bemerken.

„Meinst Du? Nun, so diene Dir zu wissen, daß der Verstorbene diesen Verkauf ausdrücklich in seinem Testamente verboten hat. Diese Hinterthür bleibt Dir nicht offen, um den letzten Rest zu verschleudern. Nein, mein Sohn, schlage Dir derlei Gedanken aus dem Kopf und bequeme Dich jetzt, mit Ernst und Vernunft an die Zukunft zu denken. Vor Allem: was bist Du noch schuldig?"

„Das weiß ich nicht so genau; ich müßte erst meine Rechnungen zusammenstellen."

„Gut, dieses Geschäft wollen wir sogleich in Angriff nehmen." Der Graf schob einen Stuhl an den Tisch und ließ sich nieder. „So, jetzt gib mir Papier und Bleistift und sage mir dann die Posten an."

Rüdiger mußte sich wohl oder übel herbeilassen, seine Beichte abzulegen.

„Recht schön," sagte der Vormund, nachdem er die Zahlen zusammengestellt hatte, „zehntausend Gulden beinahe! Das macht etwa fünfhundert an Zinsen, bleiben Dir also rund fünfzehnhundert jährlich, oder hundertfünfundzwanzig monatlich."

„Aber das ist ja ganz unmöglich, das kann doch nicht einmal ausreichen, um —"

„Weißt Du wohl, wie viele Beamte von einem solchen Gehalte leben, dabei Frau und Kinder erhalten müssen? Es kommt eben darauf an, wie man sich die Sache eintheilt. — Hör' mich an, Rüdiger! Es bleibt Dir nur eine Wahl: entweder eine Kugel durch den Kopf, wenn

Du ein Feigling bist, oder den Handschuh muthig auf=
nehmen, den Dir das Schicksal hingeworfen hat. Denke
ein wenig über Deine bisherige Lebensweise nach und
frage Dich selber: Hast Du Dich in diesen zwei Jahren
als ein nützliches Glied der menschlichen Gesellschaft ge=
fühlt? Haben Dir Deine närrischen Ausgaben wirklichen
Genuß bereitet? Ist Dir zu manchen Stunden nicht ein
gewisser Ekel vor einer solchen schalen, nutzlosen, thörichten
Existenz aufgestiegen? Sei ehrlich und aufrichtig gegen
Dich selbst! Bisher kanntest Du nur den Genuß des
Geldes, und dieser Genuß war ein reizloser, oft mit
bitterem Nachgeschmack. Wie ganz anders schmeckt das
verdiente! Da mundet ein Stück Brod besser, als Trüffel=
pastete und derlei Leckerbissen, an denen man sich krank
ißt. Ich, der ich in meinen jungen Jahren auch dumme
Streiche begangen und dann ein Viertelmenschenalter lang
dafür zu büßen hatte, bis es mir gelang, mich wieder
auf die Oberfläche zu ringen, ich weiß davon zu erzählen.
Ich hatte die Pistole schon in der Hand, aber da kam
der wahre Muth über mich: ich schleuderte die Mord=
waffe zu Boden und raffte die paar Gulden, die mir noch
blieben, zusammen, um über den Ocean zu gehen. Dort
habe ich mich wie ein Neger abgeplagt, bin vor keiner
Arbeit zurückgescheut, die mir Verdienst brachte, und
schließlich behielt ich die Oberhand. Diese Zeiten dort
drüben sind jetzt wohl vorbei, aber ich weiß, man kann
sich auch im alten Europa mit Energie und gutem Willen
fortbringen. Hier kann allerdings Deines Bleibens nicht
sein; Graf Frankenstein würde von seinen Standesgenossen

verlacht werden, wenn er plötzlich den Club und das Grand=Hotel mit einem Comptoir und einem bescheidenen Zimmer vertauschte, aber nichts fesselt Dich an Wien und an die engere Heimath; schnür' Dein Bündel und geh' auf die Wanderschaft, laß den Grafen zu Hause, ein Graf ohne Geld ist wie ein Pfau ohne Schweif. — Das ist der einzige Rath, den ich Dir zu geben weiß, und ich halte ihn für gut."

Nichts fesselte ihn an die Heimath und insbesondere an die Stadt, wo er lebte? Graf Hollbach hatte gut reden; was wußte er, ob ein Band existirte oder nicht, das zu zerreißen es größerer Kraft bedurfte, als Rüdiger sich zutraute. Und arbeiten! Ja, was sollte er arbeiten, damit er sich sein Leben verdiente? Er, der hier in einem gewissen Kreise den Ton angegeben, er, der allen noblen Passionen gehuldigt, der das höchste Raffinement des Lebens kennen gelernt — er sollte jetzt wie ein armseliger Hand= lungsgehilfe zu Fuß laufen und mit Wurst und Brod seine Abendmahlzeit halten? Es war ganz unmöglich!

„Nun?" frug Hollbach, der seinen Schutzbefohlenen nicht aus den Augen gelassen. „Ich lese Dir's vom Ge= sichte ab, daß es mit Deinem Muthe nicht weit her ist."

„Muth!" rief Rüdiger bitter. „Wenn man zu etwas ganz Anderem erzogen worden ist, als zum Tagelöhner, muß man doch schließlich einsehen, daß es überflüssig wäre, den Versuch zu machen."

„Ei, ich glaube, ein Tagelöhner braucht nicht erst dazu erzogen zu werden. Uebrigens sprach ich auch nicht da= von, daß Du den Spaten oder die Hacke in die Hand nehmen sollst. Mit der kleinen Rente, die Dir bleibt, bist Du vor Mangel geschützt; es handelt sich nur noch darum, das zu gewinnen, womit Du Dir gewisse kleine Luxusausgaben gestatten kannst."

„Luxusausgaben? Ein schöner Luxus, wenn ich vielleicht noch den gleichen Betrag verdiene!"

„So glaubst Du also, dem kleinen Mann scheine die Schwelgerei nicht groß, wenn er Sonntags einen Ausflug machen und sich eine bessere Cigarre oder ein Glas Wein erlauben kann? Freilich, wer stets den Durst mit Champagner löscht und Regalia raucht, dessen Gaumen hat den richtigen Geschmack verloren. — Ueberlege Dir die Sache. Ich lasse Dir noch drei Tage Ruhe; so lange werde ich brauchen, um Deine Privatangelegenheiten in Ordnung zu bringen. Ich verlange heute nichts als Dein Wort, daß Du bis Sonntag keinen entscheidenden Schritt ohne mein Wissen thust. Gibst Du es mir?"

„Ich gebe es, fürchte aber, daß in drei Tagen die Sachlage dieselbe sein wird."

„Das hoffe ich nicht, vorausgesetzt, Du gibst Dir die Mühe, die Zukunft ernstlich in Erwägung zu ziehen. Lebe wohl für heute; Sonntag früh sehen wir uns wieder."

Der Graf steckte die verschiedenen Rechnungen zu sich und machte sich auf den Weg.

Die Stimmung, in der Rüdiger zurückblieb, streifte an Trostlosigkeit. Worin bestanden seine Kenntnisse, daß er sich jetzt durch eigene Arbeit fortbringen sollte? Darin vielleicht, daß er noch im Nothfalle ein paar lateinische oder griechische Sätze holprig zu übersetzen wußte, oder daß er eine schwache Ahnung vom römischen und deutschen Rechte hatte, in das er sich während dieser beiden Jahre hätte vertiefen sollen, um zu Sommeranfang die Staatsprüfung abzulegen? Hätte man ihn lieber ein Handwerk lernen lassen, hätte man ihn lieber zum nächstbesten Schuster, als auf die Universität geschickt.

So klagte und seufzte er den Rest des Tages hindurch, um sich schließlich in verzweifelter Laune zu Bett zu legen.

Der nächste Morgen brachte doch einen kleinen Hoffnungsschimmer. Nachdem Rüdiger sich bis zehn Uhr im Bette umhergewälzt, war er auf eine Idee gekommen. Warum sollte er sich nicht nach Schönbüchl zurückziehen und dort in aller Bescheidenheit leben, um seine Studien zu vollenden? Wenigstens war er da zu Hause, und hier und da konnte er sich ja doch vielleicht einen kleinen Abstecher nach Wien gestatten, um die alten Freunde und — Ingrid wiederzusehen. Wenn er erst sein Examen hinter sich hatte, dann hieß es eben in den Staatsdienst treten, und in einigen Jahren konnte er ja schon viel besser daran sein.

So klügelte er sich die Sache aus und verließ in verhältnißmäßig gefaßter Stimmung das Lager, um sich rasch anzukleiden. Heute sollte er den ersten Unterricht auf dem Eise ertheilen; ein plötzlich eingetretenes Thauwetter hatte den Aufschub verschuldet.

Pünktlich um Elf war er zur Stelle, und wenige Minuten später kam sie in Begleitung der Mutter elastischen Schrittes daher. Gern hätte er das Anschrauben der Schlittschuhe selbst besorgt, aber der Lakai war zu diesem Zwecke mitgenommen worden, und so konnte Rüdiger nur darüber wachen, daß der Mann die nöthige Sorgfalt anwandte, damit Ingrid sicher auf den scharfen Stahlschienen stand.

„So, jetzt bitte ich um Ihre Hände." Er begann langsam nach rückwärts zu gleiten, während sie ihm zaghaft folgte und sich oft ängstlich an ihn anklammerte. Das war ihm ganz recht so, er hätte diese zarte, schmiegsame Gestalt gerne Stunden lang dahin getragen.

Mit viel Mühe und Beschwerde war man am Ende der Bahn angelangt; jetzt konnte ein wenig gerastet werden. Sie ließ seine Hände los und setzte die Pelzmütze, die sich verschoben hatte, zurecht.

„Ich glaube, ich werde es nie lernen," sagte sie entmuthigt.

„O doch! In wenigen Tagen werden Sie schon Fortschritte spüren; man darf nicht ängstlich sein, nur muthig vorwärts, auch wenn man einmal fallen sollte, was liegt daran. Ich verspreche Ihnen, daß ich in drei Wochen —" Er vollendete seinen Satz nicht, sondern blickte auf einmal finster zu Boden.

„Sie versprechen — was?" frug sie, ihre Augen erstaunt auf ihn richtend.

„Ich wollte Ihnen die Versicherung geben, daß ich in drei Wochen eine ganz gute Schlittschuhläuferin aus Ihnen gemacht haben würde, aber leider dürfte meine Wirksamkeit als Lehrer früher ein Ende haben."

„Ich verstehe Sie nicht," versetzte Ingrid, von seinem

traurigen Tone betroffen. „Bitte, sagen Sie mir, ist Ihnen etwas Unangenehmes zugestoßen? Es schien mir gleich, als seien Sie gedrückt und —"

„Ja, etwas sehr, sehr Unangenehmes steht mir bevor. Ich fürchte wenigstens, daß es nicht zu vermeiden sein wird."

„Ich will mich nicht in Ihr Vertrauen drängen," sagte sie ängstlich, „aber Sie können überzeugt sein, daß Ihnen meine Theilnahme gewiß ist."

„Ich danke Ihnen, danke Ihnen von Herzen; glauben Sie mir, der Abschied von Wien wird mir unendlich schwer werden."

„Sie verlassen Wien?"

„Ich werde wohl müssen. Es sind Verhältnisse eingetreten, die mich zwingen dürften, der Besitzung, die mir mein armer Onkel hinterlassen hat, auf längere Zeit meine ganze Aufmerksamkeit zu schenken." Er brachte es nicht über sich, ein volles Geständniß abzulegen, und gebrauchte daher diese kleine Nothlüge.

„Nun, Schönbüchl liegt ja nicht aus der Welt, glaube ich," versetzte sie erleichtert. „Sie sprachen mir ja öfters von dieser Besitzung und sagten, man köune sie in einigen Stunden erreichen."

„Ja, in einigen Stunden."

„Da werden Sie wohl hin und wieder Ihre Freunde in Wien aufsuchen."

„Ich hoffe, daß dies möglich sein wird."

„Nun also! Dann ist ja kein Grund zu solcher Trauer vorhanden; ich fürchtete viel Schlimmeres. — Wollen wir jetzt wieder einen Versuch machen?" Sie hatte die bisherige Vorsicht außer Acht gelassen und holte muthig zu einem Schritte aus, ehe sie an ihrem Begleiter noch eine Stütze gesucht; die Stelle war zufällig besonders glatt, und ehe er sie zu fangen vermochte, lag sie da. Schnell war er an ihrer Seite, um ihr aufzuhelfen.

„Sie haben sich doch nicht weh gethan?"

„Nein," sagte sie verwirrt und erröthend.

„Verzeihen Sie meine Ungeschicklichkeit, ich hätte Sie vielleicht noch vor dem Sturze bewahren können. Sind Sie mir böse?"

Jetzt lachte sie, da er ein so zerknirschtes Gesicht machte. „Nein, ich bin nicht böse; kommen Sie."

### 3.

Rüdiger war an jenem Morgen, für den der Vormund seinen Besuch angesagt hatte, schon bei Tagesgrauen wach. Die Aufregung ließ ihm keine Ruhe; er erhob sich, sobald der kleine Diener Feuer angemacht, und setzte sich, nachdem er mit dem Ankleiden fertig geworden, an den Kamin. Er bereitete sich im Geiste auf die kommende Auseinandersetzung vor, wappnete sich mit allerlei Vernunftgründen, legte sich die Phrasen zurecht und suchte im Voraus auf jede mögliche Einwendung des Vormundes eine passende, schlagfertige Antwort. Ja, um gewiß nicht in der Hitze des Gefechtes in's Stocken zu gerathen, setzte er ein paar Schlagworte auf ein Blatt Papier, das er in's Nebenzimmer auf den Tisch legte, wo die Besprechung stattfinden sollte. Hin und wieder geriethen seine Gedanken auf Irrwege, eine schlanke Gestalt tauchte vor ihm auf, ein paar glänzende, blaue Augen blickten ihn freundlich an, und eine liebe Stimme sagte sanft: „Es wird noch Alles gut werden." Aber dann riß er sich doch wieder gewaltsam aus diesen Träumereien, um zur Wirklichkeit zurückzukehren.

Endlich wurde die Thür geöffnet und sogleich wieder hinter dem Erwarteten geschlossen. „Höre, mein Lieber, unter solchen Verhältnissen möchte ich nicht lange die Vormundschaft führen!" hob der Graf brummig an. „Mit einem Herrn Isidor Blech und einem Joseph Schmecker öfter als einmal zu verkehren, ginge über meine Kräfte und meine Geduld. Also diese leidigen Angelegenheiten wären in Ordnung gebracht, auch Deine Hotelrechnung ist beglichen. Eigentlich unerhört! Die beiden Zimmer kosten monatlich hundertfünfzig Gulden, dreißig noch für das Stückchen Bedienten. Kost: achthundertvierzig, da kommen auf den Tag vierunddreißig Gulden! Ja, was hast Du nur da essen und trinken können?"

„Diese verwünschte Art des Vormundes, alle Zahlen zu zerlegen und auf Tage zu vertheilen!" dachte Rüdiger. Dann antwortete er: „Nichts Besonderes. Freilich hatte ich manchmal Freunde zu Besuch und da mußte ich ihnen doch etwas anbieten."

„Natürlich! Und sie? Haben sie Dir auch etwas angeboten, oder sich mit dem Schmarotzen begnügt?"

„Gewiß; ich pflegte keinen Umgang mit Schmarotzern."

„Na, dann war der selige Lucullus ein Lump gegen euch. — Uebrigens geschehen ist geschehen; lassen wir also die Sache ruhen und gehen wir zu unserer Hauptfrage über: hast Du Dich entschieden?"

„Ja," erwiederte Rüdiger fest.

„Brav. Du bist also zur Erkenntniß gekommen, daß es mit dem lustigen, unnützen Leben abschließen und arbeiten heißt?"

„Ich bin zur Erkenntniß gekommen, daß ich von nun an ernstlich dem Berufe obliegen muß, zu dem ich erzogen worden bin."

„Wie?" frug Hollbach gedehnt.

„Es wird nothwendig sein, daß ich meine Studien mit Eifer betreibe und dieselben so schnell als möglich beende, um in den Staatsdienst zu treten. Darum meine ich, das Beste ist, ich siedle nach Schönbüchl über; dort kann ich mit Wenigem auskommen und dann —"

„Ja, und dann?"

„Dann werde ich eine passende Stelle als Beamter finden."

„Und wovon wirst Du, wenn ich fragen darf, als Beamter leben?"

„Von meinem Gehalte."

„Ja, mein lieber Rüdiger, weißt Du denn nicht, daß es Jahre dauern wird, bis Du ein Gehalt von ein paar hundert Gulden beziehst? Der Staat hat es nämlich so praktisch eingerichtet, daß sich die jungen Leute ein Vergnügen daraus machen, ihm einige Jahre hindurch ihre Zeit und ihre Kräfte umsonst zu widmen. Du wirst also mit Deinen hundertfünfundzwanzig Gulden Rente auszukommen haben."

Das hatte Rüdiger allerdings nicht gewußt. „Aber es ist doch unmöglich, daß man Beamte nicht besoldet!" rief er betroffen.

„Es ist aber leider so, mein Freund. Fünf Jahre dauert es mindestens, bis Du ein sogenanntes Adjutum beziehst, ein Taschengeld, mit dem sich nicht viel anfangen läßt. Du siehst also, Du hast Dich arg verrechnet."

„Allerdings," bestätigte Rüdiger entmuthigt.

„Wie ich Dir schon neulich sagte, Du müßtest Dich entschließen, ein bescheidenes Zimmer zu miethen und im Bierhause Dein Mittagmahl zu halten, dann könntest Du Dich als Student zur Noth durchschlagen. Nein, Rüdiger, Du hast die Sache nicht von der praktischen Seite angepackt; hier, wo Du bis jetzt eine hervorragende Rolle unter — nimm mir's nicht übel — unter Tagedieben gespielt hast, kannst Du unmöglich bleiben; oder erträgst Du es, von nun an die Rolle eines armen Teufels zu spielen? — Das kann man in der Fremde leichter. Dort scheert sich Niemand darum, ob Du Rüdiger Frankenstein oder Peter Zapfl heißest; sobald Du arbeitest und Dir Dein Brod verdienst, bist Du ein geachteter Mann. Zu Hause würdest Du unmöglich; Du wärest der unglücklichste Mensch der Welt, wenn Du nur einen Monat hier ein untergeordnetes Dasein zu führen hättest, wenn Du sehen müßtest, wie Deine einstigen Kameraden in eigenen Equipagen dahinsausen oder auf edlen Pferden vorbeisprengen, während Du schön bescheiden zu Fuß Deinen Weg zurücklegst. Habe ich Recht?"

Ohne Zweifel hatte er Recht, aber — aber — „Ich

kann nicht in die Fremde gehen, ich kann mich nicht von der Heimath losreißen!" kam es wie ein Ruf der Verzweiflung aus Rüdiger's gepreßter Brust.

„Du kannst nicht? Soll ich Dir sagen, warum? Du hast ein Verhältniß, das Dich hier festhält."

Rüdiger fühlte den durchbohrenden Blick, der unter den buschigen Augenbrauen lauerte, und wußte nicht, was er antworten sollte.

„Es handelt sich nur darum, zu wissen, wie dieses Verhältniß beschaffen ist," fuhr der Quälgeist fort. „Ist es eine Theater- oder eine Salonprinzessin, der Du Deine Dienste geweiht? Ich glaube, das Letztere, denn man spricht davon, daß Du sehr beflissen bist, einer jungen Dame Tanzunterricht auf dem Eise zu geben. Das ist Thorheit und Leichtsinn, Rüdiger. Von dem Augenblicke an, wo Du wußtest, wie die Dinge stehen, hättest Du Dich zurückziehen sollen, wenn nicht aus Pflichtgefühl, so doch aus Achtung vor den Gefühlen des jungen Mädchens. Wo zum Teufel hattest Du nur Kopf und Herz? Du zählst zweiundzwanzig Jahre, bist nichts und hast nichts; gedachtest Du also, auf diese Ausstattung hin vor den Vater zu treten und zu sagen: ‚Herr, ich möchte Ihre Tochter heirathen?'"

Rüdiger starrte mit einem gemischten Gefühle von Trotz und von Reue vor sich hin. Der Mann nahm wahrhaftig kein Blatt vor den Mund, aber hatte er im Grunde nicht Recht? Ja, wie sah er die Zukunft eigentlich vor sich? Erwartete er, daß es plötzlich ihm zuliebe Gold vom Himmel regnen würde?

Hollbach wartete eine Weile, dann hub er wieder an: „Diesen unseligen Leichtsinn mußt Du mit der Wurzel auszurotten trachten, er würde sonst in Kürze Dein Verderben werden. Ich kann mir ganz gut denken, daß Dir und ihr das Herz bluten wird, allein der Schritt muß gemacht werden; es gibt keinen anderen Ausweg, und solche Wunden vernarben schneller, als man glaubt."

„Ueber fremde Gefühle spricht man immer leichter, als über die eigenen," murmelte Rüdiger vor sich hin. „Es gibt eben Wunden, die nie —"

„Larifari!" unterbrach ihn der Vormund. „Ich habe selbst im Leben viel durchgemacht, auch so einen Fall, und ich habe auf meinen Wanderungen durch die Welt viele Menschen kennen gelernt. Wer seine fünf Sinne beisammen hat, wer sich der Pflichten gegen sich und die Mitwelt bewußt ist, der übersteht alle Schläge des Schicksals. Krankheit ist der einzige Feind, der die Geistes- und Körperkraft schwächt, der die Widerstandsfähigkeit lahm legt, und doch bin ich auch genug armen Teufeln begegnet, die mit dem Todeskeime im Leibe wacker kämpften und rangen. Für einen gesunden Burschen in Deinem Alter gibt es keine Hindernisse. Und nun, deuke ich, hätten wir uns zur Genüge ausgesprochen. Siehst Du jetzt ein, daß Dir keine andere Wahl bleibt, als in die Fremde zu ziehen?"

Es war, als ob der alte Herr ihm mit seinen durchdringenden Blicken den eigenen Willen in die Seele pflanzte; fast unbewußt erwiederte Rüdiger: „Ich sehe es ein."

„Und wann gedenkst Du Dein Bündel zu schnüren?"

„Ich weiß noch selbst nicht recht," erwiederte Rüdiger unsicher.

„Ich mache Dich darauf aufmerksam, daß mit dem morgigen Tage Dein Monat zu Ende geht; bis dahin ist die Hotelrechnung geregelt."

„Also vielleicht nach — Ablauf des nächsten Monats?" schlug Rüdiger schüchtern vor.

„So soll ich vielleicht diese Verlängerung aus meiner Tasche bestreiten? Verlangst Du dieses — Almosen von mir? Gut, es mag Dir gewährt werden."

Da bäumte sich aber endlich Rüdiger's Stolz auf. „Ich, ein Almosen begehren?" rief er, und seine Augen blitzten. „Nein, ich reise übermorgen."

„Recht so; diese Antwort habe ich erwartet. Morgen Abend sehen wir uns; ich bringe Dir Dein Monatsgeld und für unvorhergesehene Auslagen einen Betrag, den ich bei Begleichung Deines Wechsels erspart habe. Als vorläufiges Ziel würde ich Dir die Schweiz anempfehlen; dort wird Dein Stolz weniger auf die Probe gestellt werden, als in irgend einem anderen Lande, wo man auf Namen und Titel mehr gibt; auch wirst Du dort am schnellsten von Deinen aristokratischen Ansichten bekehrt werden und einsehen lernen, daß es sich ganz gleich bleibt, ob man ein ‚von' vor dem Namen führt oder nicht. Die Natur kümmert sich wenig darum; sie schlägt den Prinzen ebenso gut zu Boden wie den Knecht, und wir leben heute in einer Zeit, wo Standesvorurtheile, im Geschäfts= und Erwerbsleben wenigstens, zum alten Eisen gehören. Rüste Dich also, Rüdiger; ein Mann ein Wort!"

Wie der Verurtheilte, dem eben verkündet worden, daß er nach zweimal vierundzwanzig Stunden das Schaffot zu besteigen habe, blieb Rüdiger zusammengebrochen sitzen. Er war unfähig, Zusammenhängendes zu denken; Alles, was er wußte, war, daß in Kürze Alles mit einem Male zu Ende sein werde.

Was hatte der Vormund unlängst gesagt? Entweder eine Kugel durch den Kopf oder den Kampf aufnehmen! Brauchte er eigentlich die Rolle des Helden zu spielen? War es nicht einfacher, da Alles in die Brüche ging, den entscheidenden Schritt zu thun, der diesem Jammer ein Ende machte?

Der eintretende Diener störte ihn in seinen Grübeleien; er überbrachte seinem Herrn ein Briefchen:

„Lieber Freund!

Die ganze Bande ist bei mir versammelt; Grilling hat Eva mitgebracht, die sich bereit erklärt, einige Couplets zum Besten zu geben. Unbändig lustig! Komm, wirst Dich zerstreuen; machen zum Schlusse ein kleines Spiel.

Stubenheim.

P. S. Bitte um Antwort."

Diese Einladung kam eigentlich ganz im rechten Augen= blicke; eine treffliche Gelegenheit, um sich noch einmal in den Strudel zu stürzen und die schwarzen Gedanken zu verscheuchen.

Er ging zum Schreibtisch, blieb aber auf halbem Wege stehen. Spielen — vielleicht auf Ehrenwort ver= lieren und dann seine Schuld nicht einlösen können! Und überhaupt, noch einmal das Ganze durchkosten wie der gemeine Lump, der vor der Hinrichtung ein ausgiebiges Essen, Wein und gute Cigarren begehrt? Nein, das durfte nicht sein!

Er setzte sich hin und schrieb, daß er leider durch verschiedene Umstände verhindert sei, zu kommen. Um sich vor jedem Ueberfalle zu sichern, befahl er dem Diener, bei einer etwaigen späteren Anfrage zu sagen, sein Herr sei nicht zu Hause.

Als er sich früh zu Bett legte, that er es mit einem ganz eigenen Gefühl der Erleichterung.

---

Er erwachte nach gesundem Schlafe. Aber seine Stimmung war wieder eine trübe; ein schwerer Tag stand ihm bevor. Hatte er doch Ingrid für heute seinen Besuch angesagt, und dieser Besuch sollte der letzte sein; morgen war er schon über alle Berge.

Klopfenden Herzens trat er gegen ein Uhr seinen Gang an; er wollte etwas früher kommen, ehe noch andere Leute im Salon versammelt waren. Beklommen durchschritt er den kleinen Wintergarten, in den man vom Hofe des kleinen Palais gelangte, um von dort das Vorzimmer zu erreichen; die großen Empfangsräume waren nur geöffnet, wenn irgend eine Festlichkeit stattfand.

Jetzt stand er der Mutter und Tochter gegenüber.

„Lieber Gott!" rief die Baronin betroffen, „sind Sie unwohl? Sie sehen so blaß und leidend aus."

Er versuchte zu lächeln, aber es gelang ganz und gar nicht. „Ja, ich fühle mich etwas abgespannt und erregt, denn ich komme, mich von Ihnen zu verabschieden."

„So schnell schon? Ingrid erzählte mir davon, daß Sie die Absicht hätten, die Verwaltung Ihres Gutes selbst in die Hand zu nehmen; Sie thun sehr wohl daran, nur der Herr allein kann da die richtige Ordnung —"

„Nein, Frau Baronin, ich muß meine Pläne ändern, ich habe eine weitere Reise vor, eine Geschäftsreise —" er stockte und fühlte, wie ihm diese Unwahrheit die Röthe in die Wangen trieb. „Das heißt, ich werde mich auf längere Zeit entfernen müssen — ja, auf sehr lange Zeit vielleicht."

Die Baronin ahnte sogleich, daß etwas nicht in der Ordnung sei, und auch Ingrid errieth halb und halb den Grund seines verstörten Wesens.

„Setzen Sie sich doch," sagte die Baronin, dem Besucher einen Platz anweisend. „Ich will nur hoffen, daß Ihre Geschäfte sich nach Wunsch abwickeln. Also es ist ganz unbestimmt, wann wir Sie wieder sehen?"

„Ganz unbestimmt. Es wird wohl lange dauern, bis ich wieder die Frende haben werde, diese Räume zu betreten, wenn es überhaupt je geschieht."

„Sie erschrecken mich, lieber Graf! Es klingt wahrhaftig etwas wie Trostlosigkeit aus Ihrer Stimme. Kann Ihnen vielleicht mein Mann irgendwie mit guten Rathschlägen behilflich sein?"

„Sie sind zu gütig und freundschaftlich, Frau Baronin. Nein, mir kann Niemand als ich selbst behilflich sein." Er war nahe daran, die Wahrheit mitzutheilen, als die Thür geöffnet wurde und einige Besucher eintraten. Da wollte nun Rüdiger es überhaupt vermeiden, von seiner

Abreise zu sprechen, und hielt es daher für das Beste, aufzubrechen.

„Leben Sie wohl," sagte die Baronin, als er sich erhob. „Trachten Sie, bald wieder zu kommen; Sie werden uns Allen hier recht fehlen."

Er führte die dargebotene Hand an die Lippen und wandte sich dann Ingrid zu, die ebenso blaß geworden war, wie er selbst. „Es thut mir unendlich leid, daß unsere Lehrstunden auf so plötzliche Art abgebrochen werden." Diesmal gelang ihm ein gezwungenes Lächeln. „Es dürfte Ihnen jedoch nicht schwer werden, einen besseren Lehrer zu finden — und einen glücklicheren," fügte er leise hinzu.

„Leben Sie wohl," antwortete sie kurz, fast rauh, und er verließ mit einem Gefühle unendlichen Wehes das Gemach.

Im Vorzimmer angelangt, brachte ihm der Lakai dienstfertig den Ueberrock; er schlüpfte hinein und nahm wieder seinen Weg durch den Wintergarten. Eben als er dem Ausgange zuschritt, hörte er hinter einer Blumengruppe das Knarren einer Thür, dann vernahm er zu seiner Ueberraschung den leisen Ruf: „Einen Augenblick, Graf Frankenstein!"

War es möglich? Sie hatte ihm noch etwas zu sagen, nachdem sie ihn eben so kurz, ja unfreundlich entlassen? Er folgte der Aufforderung und begab sich nach der Stelle, wo sie ihn erwartete.

„Ich weiß nicht, was Sie von mir denken werden," sagte sie in erregtem Tone. „Aber ich konnte so nicht von Ihnen scheiden. Ich — ich ahne Schlimmes, ich weiß, ein schweres Unglück hat Sie getroffen. Sie wollen vielleicht das Geheimniß für sich bewahren, sind zu stolz, Jemand in's Vertrauen zu ziehen, aber — ich kann nichts dafür, es thut mir weh — furchtbar weh, und —"

„Ingrid!" unterbrach er sie, indem er nach ihrem Händchen haschte. „O, Ingrid, Ihnen will ich Alles sagen; thöricht, unsinnig wäre der Stolz Ihnen gegenüber, die mir die beste Trösterin sein kann! Ja, ein schweres Unglück hat mich getroffen, denn ich muß meinen heißesten Wünschen entsagen, dem Streben, Sie einmal — Verzeihung, Ingrid, ich bitte Sie, verzeihen Sie mir, daß ich Ihnen je genaht bin, da ich in sträflichem Leichtsinn in den Tag hineinlebte und mein Glück vielleicht für immer zerstört habe. Hätte ich geahnt, daß es so kommen würde, so wäre gewiß Manches ungeschehen geblieben, und ich stünde heute nicht vor Ihnen, um diese theure, theure Hand zum letzten Male zu küssen."

„Nein, Rüdiger, nicht zum letzten Male! Was bliebe dem Menschen in schweren Stunden, wenn er nicht hoffen dürfte. Sie sehen vielleicht zu schwarz, Sie stellen sich die Dinge ärger vor, als sie sind."

Er schüttelte wehmüthig den Kopf. „Nein, ich bin leider nur zu genau in die unseligen Verhältnisse eingeweiht. Ich muß fort von hier, ich kann nicht anders. Von morgen an geht der Kampf um das Dasein an, und elend, recht elend wird dieses Dasein werden! Ich muß zu der nächstbesten Arbeit greifen, die sich mir bieten wird; sehen Sie ein, daß ich das unmöglich hier versuchen kann? In der Fremde, wo mich Niemand kennt, wird es eher gelingen, wenn mich nicht Kraft und Muth verlassen. O, besser wäre es vielleicht, ich machte diesem Elend auf andere Weise ein Ende."

„Still, Rüdiger! Das ist ein häßlicher Ausspruch, mit dem Sie Ihre mannhaften Worte beschließen. In der Gefahr zeigt sich der wahre, der echte Edle; wenn das Schicksal mit seinen Schlägen über Sie hereingefallen ist, so thun Sie recht, sich mit aller Kraft dagegen zu wehren, zu kämpfen, zu ringen, zu siegen. So wünsche ich mir den Mann, den — den — nun ja, Sie wissen es ja ohnedies — den ich liebe."

„Ingrid, ist's wahr?" Er hielt sie zitternd umschlungen, während sie ihr Köpfchen an seiner Brust verbarg. „Ja, mein Alles, meine Königin, das Bewußtsein, Deine Liebe zu besitzen, soll mich stärken und stählen! Ich will meine Kraft, mein Leben daran setzen, Dich zu gewinnen! Lange, lange Zeit mag es dauern, aber kein Zagen darf über mich kommen, immer soll der Gedanke meinen Muth aufrecht halten, welch' hoher Preis zu erringen ist." Er beugte sich herab und drückte einen Kuß auf ihr blondes Haar.

Ihre Arme sanken von seinen Schultern, und sie blickte schmerzlich zu Boden. „Wirst Du die Kraft und Ausdauer haben? Wirst Du, fern von hier, Jener gedenken, die Dir ihr heiligstes Geheimniß preisgegeben hat? Rüdiger, ich bitte Dich, denk' nicht schlecht von mir, aber ich konnte nicht anders, ich mußte Dir's sagen — ich glaubte, Dir so einen Trost mit auf den schweren Weg zu geben."

„Das thuſt Du auch, meine Ingrid; ich ſchwöre es Dir: ich fühle mich erleichtert und ermuthigt. Mit dem ſtolzen, erhebenden Bewußtſein verlaſſe ich die Heimath, daß das Liebſte, das Edelſte meiner in Liebe gedenkt, daß es mir geſtattet iſt, nach dem theuren Beſitze zu ringen." Er zog einen Goldreif vom Finger. „Da, meine Geliebte, dies ſoll unſeren Bund — unſere Verlobung feſtigen."

Sie nahm den Reif. „Hiermit haſt Du Dich mir verſchrieben, Rüdiger, ich habe Dein Wort, daß Du nicht verzagen, daß Du nicht in einer unſeligen Stunde der Verzweiflung einen wahnſinnigen Schritt unternehmen wirſt?"

„Du haſt es."

Raſch ſchritt ſie zu einem Tiſchchen und ergriff eine Scheere; dann löste ſie eine ihrer blonden Flechten und ſchnitt haſtig ein Ende ab. „Nimm ein Stück von mir ſelbſt, trag' es immer mit Dir; in Stunden der Trauer und der Verzagtheit ſoll es die Erinnerung an den heutigen Tag auffriſchen und Dir die Kraft verleihen, um unſerer Liebe willen Alles zu ertragen. Und nun geh', Geliebter; ich darf nicht länger von drüben fortbleiben." Nochmals ſchlang ſie die Arme um ſeinen Hals. „O Rüdiger, es iſt furchtbar! Kann denn Niemand helfen? Mein Vater vielleicht, wenn Du —"

„Nein, Ingrid, Niemand, am wenigſten Dein Vater."

„Wie todt werden wir für einander ſein. Kein Lebenszeichen, keine Nachricht, nichts!"

„So darf ich Dir nicht ſchreiben?"

„Es geht nicht. Niemand ſoll und darf jetzt unſer

Geheimniß erfahren. Bittere Zeiten mögen das nun werden, nicht allein für Dich, auch für mich. Mir kann das Wohlleben von jetzt an keinen Genuß bereiten, wo ich Dich in Dürftigkeit weiß, fast scheint mir hier der Luxus, der uns umgibt, eine Versündigung gegen alle Jene, welche mit Noth, Entbehrung und Elend kämpfen!"

Ein Glockenschlag ertönte, das Zeichen, daß neue Besucher angelangt seien.

Noch ein heißer Kuß, und Rüdiger riß sich los. Ohne aufzublicken, eilte er an den Angekommenen vorbei, zum Thor hinaus, wo der Portier ehrerbietig seinen Hut zog. Jetzt erinnerte er sich, daß er für den abwesenden Baron eine Karte zurücklassen müsse; dann haftete er weiter, seiner Wohnung zu.

## 4.

Es schneite in dicken, schweren Flocken, als der Zug zur Bahnhofshalle hinausdampfte. Rüdiger befand sich in einem jener fieberhaften Zustände, in denen man seine Gedanken ganz und gar nicht zu sammeln vermag, und wo man, nicht wissend, was mit Einem geschieht, in stumpfer Gleichgiltigkeit das Bewußtsein halb verloren hat. Er hatte nur das unbestimmte Gefühl, daß er der unglücklichste Mensch auf der Welt sei.

Der Vormund hatte ihm in seiner Ordnungsliebe am Abend vorher sogar die Fahrkarte gebracht, eine solche zweiter Klasse, denn die Herrlichkeit der ersten mußte ein Ende nehmen. Da saß er denn jetzt zwischen einem schnarchenden alten Herrn zur Rechten, einem hustenden und spuckenden zur Linken, gegenüber drei jüngeren Leuten,

## Novelle von A. G. v. Suttner.

ohne Zweifel Geschäftsreisenden, denn sie sprachen von Leder-, Wein- und Tuchpreisen und erfüllten den Raum mit dem ätzenden Dampfe ihrer Virginiacigarren.

Nach und nach kam er zum Bewußtsein, daß diese Art zu reisen für ihn unerträglich sei; das ununterbrochene Geschwätz der Anderen begann ihm an die Nerven zu gehen, da es ihn in seinen eigenen Gedanken störte; überhaupt fühlte er sich in seiner unglücklichen Stimmung unter diesen Fremden noch schlimmer daran. Hier und da hatte der Eine oder der Andere schon einen neugierigen Blick herüber geworfen. Diese beobachtenden Blicke waren ihm lästig, weil er sich in seinem Stolze verletzt fühlte; er meinte, die Leute müßten auf den ersten Blick seine ganze Geschichte errathen und ahnen, daß da ein „heruntergekommener" Adeliger mit ihnen fuhr. Dazu gesellte sich auch noch schließlich der Gedanke: „Wenn dich Ingrid hier sähe! Was müßte sie von dir denken!"

Dieses thörichte Schamgefühl wurde schließlich so stark, daß er auf der nächsten Station, wo länger gehalten wurde, ausstieg und zur Kasse eilte. „Ich bitte, wieviel ist auf eine Fahrkarte zweiter Klasse nach Zürich darauf zu zahlen, um erster zu fahren?" frug er den Beamten.

„Fünfzehn Gulden."

Er zog die Börse und legte den Betrag hin. So, jetzt fühlte er sich erleichtert, als er auf den Schaffner zuschritt: „Haben Sie ein Coupé erster Klasse frei?"

Ein rascher Blick des Befragten belehrte diesen, daß er mit einem „Kavalier" zu thun habe, er griff somit höflich an die Mütze und öffnete eine Thür: „Hier, bitte."

„Wollen Sie auch so gut sein, mein Handgepäck, das — das aus Versehen in die zweite dort gegeben worden ist, herüber zu bringen?"

„Sogleich."

Nach einigen Minuten kam der Mann zurück und brachte die Taschen nebst Plaid unter. „So, bitte einzusteigen."

Rüdiger konnte nicht umhin, dem gefälligen Beamten einen Gulden in die Hand zu drücken.

„Danke bestens, Herr Graf."

Der „Graf" that wohl, und auch der schwellende Sitz, auf dem er sich jetzt hinstreckte; ein erleichtertes „Ah!" kam aus voller Brust.

Nun konnte er sich ungestört seinen Gedanken hingeben, und augenblicklich flogen sie nach dem Orte zurück, den er kaum vor einer Stunde verlassen hatte. Erst jetzt fand er die richtige Stimmung, um die Erlebnisse von gestern im Geiste an sich vorüberziehen zu lassen, denn als er von seinem Abschiedsbesuche nach Hause gekommen war, hatte er sogleich an's Packen gehen müssen, und das hatte die Stunden ausgefüllt, bis der Vormund erschien, um ihm die letzten Verhaltungsmaßregeln zu ertheilen.

Ein furchtbarer Mann, dieser Vormund! Eigentlich hatte er allen Grund, ihn zu hassen, den Unglücksraben, der mit seinem ersten Auftreten einen völligen Umsturz in den bisherigen ruhigen Verhältnissen hervorgerufen hatte. Abends war er noch mit allerlei guten Rathschlägen gekommen. „Hier, zweihundert Gulden, die ich von Deiner Wechselschuld abgehandelt habe; geh' sparsam um damit, betrachte diese unter Umständen bedeutende

Summe als einen Nothpfennig, falls Du krank und eine Zeit lang arbeitsunfähig werden solltest." Dann: „Verwahre diesen Brief gut; er enthält ein paar Einführungszeilen an einen Freund, dem ich schon vor mehreren Tagen geschrieben habe, und der Dir behilflich sein wird, eine Stelle zu finden." Der Umschlag trug die Adresse: „Herrn Professor Merz in Zürich." Schließlich noch die feierliche Ueberreichung des Reisebillets mit der Bemerkung, daß von morgen an der erste Schritt zur Betretung des Kreuzweges gemacht werden müsse. Wenn ihn jetzt der Vormund sähe, wie er da in der ersten Klasse lag und eine der letzten Regalias rauchte, die ihm geblieben waren! Ah, zum Teufel mit dem Vormunde! Was brauchte er an ihn zu denken, wo Jemand ganz Anderes auf Einlaß wartete!

Er gab sich ein paar Stunden lang seinen Träumereien hin, dann raffte er sich auf, um auch die Zukunft ein wenig in's Auge zu fassen. Was mit ihm in Zürich geschehen würde, wußte er absolut nicht, aber er hoffte, daß der Mann, dem er anempfohlen war, alle Hebel in Bewegung setzen würde, um ihm eine passende und einträgliche Stelle zu verschaffen.

Hatte er doch schon öfters gehört, daß „diese Republikaner" durchaus keine Aristokratenfresser seien, im Gegentheil: Stubenheim's Vetter war beispielsweise in Amerika gewesen, und dort hatten die großen Geldprotzen um die Wette den Umgang mit dem „Baron" gesucht, um ihm zu Ehren prächtige Gastmähler, Bälle und Soirées veranstalten, ja Viele von ihnen sollten in New-York auf ihren Wagenschlägen Wappen eigener Erfindung und Verleihung führen. In der Schweiz war es vermuthlich nicht viel anders, also stand zu erwarten, daß ein Graf Frankenstein nicht, wie der Vormund gemeint, angewiesen sein werde, um kärglichen Lohn zu dienen.

Der Schaffner riß ihn aus seinen Betrachtungen, indem er verkündete, daß man der Mittagsstation nahe sei; der Aufenthalt dauere zwanzig Minuten, um den Reisenden Zeit zum Speisen zu geben, wenn aber der Herr Graf befehle, so könne er, der Schaffner, ein Gedeck in den Wagen bringen.

Rüdiger fürchtete, sich etwas zu vergeben, wenn er diesen Antrag nicht annähme, und so ersuchte er denn den Mann, das Nöthige zu besorgen und auch eine Flasche Bordeaux zu bestellen.

Er aß mit Appetit, wenn auch die Zubereitung nicht der des Grand-Hotel oder Sachers gleich kam; den Bordeaux behielt er bei sich, um nach und nach die Flasche zu leeren. Die Zeche belief sich auf vier Gulden und einige Kreuzer; selbstverständlich überließ er den Rest der Fünfguldenbanknote dem gefälligen Mann, der sich seiner so freundlich annahm, und zum Dank frug derselbe den Herrn Grafen, ob er für ihn einen Platz im Schlafwagen vormerken lassen solle.

Jetzt hieß es schon auch zu dieser Auslage noch Ja und Amen sagen; diese Reise wenigstens sollte noch in voller Bequemlichkeit und Behaglichkeit gemacht werden, wenn auch ein Theil des „Nothpfennigs" dabei stark in Mitleidenschaft gezogen wurde.

Der starke Wein weckte die Lebensgeister; Rüdiger sah zusehends seinen Muth und seine Hoffnungen wachsen; in seinem theils angeborenen, theils anerzogenen Dünkel erwartete er, bald in seinem neuen Bestimmungsorte obenauf zu schwimmen. Warum sollte er nicht zum Beispiel in den Dienst jenes Staates treten, um in kürzester Zeit einen angenehmen und einträglichen Posten zu bekleiden, etwa im auswärtigen Amte, oder als Bevollmächtigter der Republik im Auslande. Diese Republikaner mußten sich's ja zur Ehre rechnen, einen Grafen Frankenstein zum Vertreter zu haben.

Er wußte eben nicht, welcher Brief ihm vorausgegangen war.

„Lieber Freund Merz!

Als Du mir vor zwei Jahren Deinen weltmüden Neffen sandtest, damit ich in unserem leichtherzigen Wien einen Lebemann aus ihm mache, schriebst Du mir, daß Du zu Gegendiensten jederzeit bereit seiest. Der Augenblick, mir einen Gegendienst zu leisten, ist nun gekommen. Der junge Mann, den ich Dir in's Haus sende, Graf Frankenstein, ist mein Mündel, ein Bürschchen von zweiundzwanzig Jahren, das infolge der bedauernswerthen Schwäche seines Oheims bereits mit den Tausenden herumgewirthschaftet hat, wie der Wirbelwind mit den dürren Blättern.

So ist er denn jetzt glücklich am Ende angelangt, und es heißt büßen. Er besitzt wohl ein Einkommen von hundertfünfundzwanzig Gulden monatlich, das genügt aber nicht, um hier standesgemäß zu leben, und er soll daher arbeiten, um sich seine Zukunft zu sichern. Du wirst hoffentlich etwas Passendes für ihn finden, ebenso wie ich erwarte, daß er bei euch von seinen etwas hochtrabenden Ideen geheilt werden wird. Ich bitte Dich daher, gleich von Anfang an den Grafen bei Seite zu lassen, ihn als simplen Frankenstein zu behandeln und demgemäß unterzubringen.

Dich hier und da um Nachricht bittend   Dein
Hollbach."

———

Rüdiger ließ sich, am Ziele angekommen, nach einem ersten Gasthofe fahren. Dort machte er erst sorgfältig Toilette, ehe er seinen Gang nach der Wohnung des Mannes unternahm, mit dem er von nun an in Verkehr treten sollte.

Vor einem kleinen Häuschen angelangt und von einer Dienstmagd empfangen, überreichte er dieser das Schreiben mit dem Bedeuten, dem Herrn Professor seinen Besuch zu melden.

Nach kurzer Zeit kam sie zurück und führte den Besucher in ein kleines Gemach, das in der Mitte einen Tisch und an den Wänden Stühle nebst einem Kredenztisch hatte, somit ohne Zweifel als Speisezimmer diente.

"So, Sie sollen hier nur warten," bedeutete ihm die Schweizerin. "Der Herr ist noch beschäftigt."

Nun, zuvorkommend war der Empfang gerade nicht. Aehnlichen Bescheid hatte Rüdiger seinem Diener gegeben, wenn dieser gemeldet, daß der Schuster oder der Schneider draußen sei.

Novelle von A. G. v. Suttner.

Er fand Muße genug, den langweiligen steifen Raum, in dem er saß, einer eingehenden Beobachtung zu unterziehen und aus demselben auf den Bewohner zu schließen; eine Viertelstunde verging, und noch eine, und schon begann der Ankömmling ärgerlich das Gemach zu durchmessen, erwägend, ob er nicht lieber gehen und ein andermal vorsprechen solle, als zu seinen Häupten das dumpfe Gepolter von gerückten Möbelstücken, dann Schritte hörbar wurden. Hierauf knarrte eine Treppe, und die Thür wurde geöffnet.

Ein Mann, etwa im Alter des Vormundes, trat in's Zimmer. „Herr Frankenstein, nicht wahr?" sagte er in etwas gemessener Art.

Rüdiger hatte Lust, den „Grafen" zur Geltung zu bringen, aber er begnügte sich, schließlich zu sagen: „Zu dienen."

„Sie suchen eine Anstellung, wie mir mein Freund schrieb. Das ist heutzutage keine leichte Sache, wo es mehr Bittsteller als freie Plätze gibt."

Das wirkte wie ein kalter Wasserstrahl auf die Erwartungen, die sich Rüdiger von seiner Aufnahme gemacht hatte.

„Hier, in Zürich, ist für den Augenblick nichts zu finden," fuhr der Professor fort. „Doch ist es mir gelungen, von einem Bekannten in Bern eine Zusage zu erwirken: Herr Frisch, einer der bedeutendsten Großhändler jener Stadt, hat sich bereit erklärt, Sie in sein Comptoir aufzunehmen. Besitzen Sie einige Kenntnisse in der Handelswissenschaft?"

Ja, glaubte denn der gute Mann, daß in Wien die Kavaliere zu Ellenreitern in die Lehre gingen? „Ich habe an der Universität studirt," sagte er in einigermaßen entrüstetem Tone, „und mich nie um das Handelsfach bekümmert, außer wenn ich für mich Einkäufe zu machen hatte."

„So! Das ist bedauerlich," versetzte der Professor sehr ruhig, „dann weiß ich nicht, ob Sie Herrn Frisch entsprechen werden. Vielleicht wird es möglich sein, das Versäumte nachzuholen, wenn Sie sich Mühe geben und die freien Stunden, die übrigens karg bemessen sein dürften, zum Selbstunterrichte verwenden. Wie gesagt, ich wüßte für Sie augenblicklich keine andere Unterkunft; auch habe ich dem betreffenden Herrn umgehend die Zusage gemacht und außerdem für Sie eine Miethe dort abgeschlossen: ein Zimmer bei einer braven alten Frau, der Wittwe des einstigen hiesigen Universitätsdieners. Zimmer und Pension kosten monatlich hundertzwanzig Franken. Sie werden erwartet; wann wollen Sie abreisen?"

„Sonst wäre wirklich nichts — Besseres zu finden?" frug Rüdiger unschlüssig.

„Besseres? Seien Sie überzeugt, junger Mann, so mancher Stellesuchende wäre glücklich, in jenem Hause aufgenommen zu werden. Herr Frisch macht nur mir zu Liebe eine Ausnahme, da sein Personal eigentlich vollzählig ist. Erkundigen Sie sich hier nach dem Geschäfte, man wird Sie überall belehren, daß dasselbe zu den ersten des Landes gehört."

„Gut, so will ich mich morgen auf den Weg machen."

„Schön, ich werde Ihnen noch ein paar Einführungszeilen senden; wo wohnen Sie?"

„Im Hotel Bellevue."

„Ei der Tausend! Das ist wohl der vornehmste, aber auch der theuerste Aufenthalt. Nun, das ist Ihre Sache, ich glaube Sie aber doch aufmerksam machen zu müssen, daß es rathsam sein wird, in Bern diesen ersten Gasthöfen fern zu bleiben; schon Ihrer Comptoirgenossen wegen."

„Nein, nein, ich werde mich dort voraussichtlich mit der Wohnung begnügen, die Sie so freundlich waren, mir zu besorgen."

„Allerdings thäten Sie gut daran. Ich will Sie nun nicht länger aufhalten, es dürfte Sie ja interessiren, sich unsere Stadt näher anzusehen. Da ich sehr beschäftigt bin, verabschiede ich mich lieber jetzt gleich von Ihnen und ersuche Sie, mir gelegentlich zu schreiben, wie die Dinge gehen. Mein Briefchen an Herrn Frisch will ich Ihnen heute noch zukommen lassen." —

Am folgenden Morgen war Rüdiger wieder unterwegs, um nach wenigen Stunden an seinem vorläufigen Ziele anzulangen. Dießmal ließ er sich sogleich nach der Behausung der Frau Watterli fahren.

Er mußte sich schon selbst bequemen, sein Handgepäck vom Wagen zu nehmen und hinein zu tragen, denn Niemand bot ihm hierzu seine Dienste an. Die Hauswirthin, eine behäbige Alte, empfing ihn mit Gönnermiene und meinte schmunzelnd, daß das Zimmer schon bereit sei.

Dasselbe war ein kleiner Raum mit einem einzigen

Fenster und so beschränkt, daß gerade eine Bettstelle, ein Schrank, ein Tisch nebst drei Stühlen und ein Waschtisch darin Platz hatten. An dem Fenster weiße Gardinen, an der Wand ein Spiegelchen — das war aller Luxus, den es bot.

Rüdiger hatte Mühe, ein Gefühl der Empörung zu beherrschen, als er über die Schwelle trat. Mißmuthig warf er sein Gepäck auf das Bett und ging an's Fenster, um trotzig in den düsteren Hof hinab zu starren.

„Ich will Ihnen ein wenig Feuer anmachen," sagte Frau Watterli gutmüthig. „Aber wenn Sie essen wollen, müssen Sie schon in das Gasthaus gehen; ich wußte nicht, daß Sie heute kommen würden."

Ja, ja, nur heraus aus diesem Loche! Das war Alles, was er für den Augenblick verlangte.

Nachdem er billig, aber schlecht gegessen, irrte er eine Zeit lang ziellos durch die Straßen. Es war ihm so weh und beängstigend zu Muthe, wenn er dachte, daß mit dem Uebertreten jener Schwelle ein neues, erbärm= liches Leben seinen Anfang nehmen würde. Darum schob er den harten Augenblick hinaus, um recht spät, und nach= dem er mehrmals fehl gegangen, seine Behausung auf= zusuchen.

„Herr Frankenstein," empfing ihn Frau Watterli im Tone des Vorwurfs. „Um zehn Uhr wird zugeschlossen und in der Regel nicht mehr geöffnet. Ich bitte, ein andermal den Hausschlüssel mitzunehmen."

Er nahm das Licht in Empfang und stieg die Treppe zu seiner Kammer hinauf, ohne ein Wort zu erwiedern.

Noch lange blieb er am Tische sitzen, in's Leere stierend und grübelnd. Dann ging er endlich zu Bett, ohne aber die erhoffte Ruhe zu finden; ein Gefühl der Muthlosigkeit, der Verzweiflung überfiel ihn plötzlich, eine Verzagtheit, gegen die er vergeblich ankämpfte, denn wenn er auch die Fäuste ballte und die Zähne aufeinander biß, so rannen ihm doch unaufhaltsam die bitteren Zähren über die Wangen herab.

Mit dem anbrechenden Tage legte sich der Sturm in seinem Innern; er setzte sich im Bette auf und drehte eine Cigarette, um dann die Dinge wieder mit etwas mehr Muth in's Auge zu fassen. Um sieben Uhr erschien Frau Watterli mit dem Frühstück.

„Wie, Sie sind noch im Bett? Ich dachte, Sie seien bei Herrn Frisch angestellt und —"

„Ich bitte, beruhigen Sie sich," unterbrach er sie ärgerlich. „Wenn ich irgendwo angestellt bin, werde ich wohl selbst wissen, um welche Stunde ich mich hin zu begeben habe."

„Nun, nun, ich meinte nur —"

„Ich glaube Ihnen, daß Sie etwas meinten — aber ich muß Sie ein= für allemal ersuchen, meine Angelegenheiten mir zu überlassen."

„Herr Frankenstein, ich hatte in meinem Leben mit sehr vielen jungen Leuten zu thun; mein Mann war Universitätsdiener und erster Pedell —"

„Das weiß ich, Frau Watterli, aber das berechtigt Sie noch nicht, Ihrem Miether gegenüber den Pedell zu spielen. Oder vielleicht ist es Ihnen lieber, ich suche mir eine andere Wohnung."

Sie stellte den Kaffee auf den Tisch und verließ beleidigt die Kammer.

Vorderhand beschloß er, seine Drohung nicht auszuführen, denn da sich Professor Merz in seinem Namen für einen Monat verpflichtet hatte, so wäre der Zins ohne Zweifel verfallen gewesen, und das hätte doch eine arge Bresche in seine bescheidene Kasse gerissen.

Gegen neun Uhr machte er sich auf den Weg nach dem Comptoir, um Herrn Frisch von seiner Ankunft zu benachrichtigen. Er betrat einen großen, eigenthümlich nach den aufgespeicherten Wollwaaren duftenden Raum, wo mehrere Leute beschäftigt waren, große Kisten zu verpacken und zu vernageln.

Auf seine Frage wies man ihm eine Thür, die in ein zweites ebenso großes Gelaß führte, wo des trüben Tageslichtes wegen die Gaslampen angezündet waren. Hier befanden sich zwei Reihen von Doppelpulten, über welche jüngere und ältere Leute in emsiger Arbeit gebeugt saßen. Am Ende bemerkte er einen Glasverschlag, in dem er das Arbeitskabinet des Chefs vermuthete. Niemand beachtete ihn, als er vorbeischritt; nun wurde aber die Thür zum Verschlage geöffnet und ein ältlicher Mann trat heraus.

„Entschuldigen Sie," frug der Ankömmling, „ist Herr Frisch anwesend?"

„Jawohl; Sie wünschen?"

„Ich habe hier ein Schreiben für ihn abzugeben."

Der Andere nahm den Brief des Professors in Empfang und verschwand in der Glaskajüte, um nach wenigen Minuten wieder zu erscheinen.

„Bitte einzutreten."

Rüdiger gehorchte der Aufforderung und fand sich nun einem beleibten Herrn mit sehr rothem Gesichte gegenüber. Es fiel demselben nicht ein, sich zu erheben, oder dem Fremden einen Stuhl anzubieten, wie es doch Rüdiger erwarten zu dürfen glaubte, sondern er lehnte sich breit in seinem Armstuhl zurück und musterte den Ankömmling sehr genau; dann sagte er: „Sie sind also der Herr Frankenstein?"

Rüdiger verbeugte sich bejahend.

„Professor Merz, dem ich aus persönlicher Gefälligkeit eine zusagende Antwort gegeben habe, bemerkt hier in seinem Briefe, daß Sie eigentlich in Handelssachen noch keine Kenntnisse besitzen," fuhr der Großhändler fort, mit den fetten Fingern der rechten Hand auf den Tisch trommelnd. „Das ist freilich schlimm, denn ich brauche Leute, die sich im Geschäfte doch wenigstens etwas auskennen; hm, hm." Er drückte nachdenklich die Unterlippe zwischen Daumen und Zeigefinger zusammen. „Na, ich will's versuchen; müssen sich eben für einige Zeit mit der Stelle eines Volontärs begnügen; möglicher Weise kann ja die Sache nach und nach gehen. In der Regel bezieht ein solcher kein Gehalt, da aber Herr Merz betont, daß Sie bedürftig seien, so mag eine Ausnahme gemacht werden." Der Chef drückte an einen Telegraphenknopf, und bald darauf erschien derselbe Beamte, welcher Rüdiger angemeldet hatte.

„Das ist Herr Haller, mein Prokurist, und Ihr unmittelbarer Vorgesetzter," wandte sich der Großhändler an den jungen Mann; hierauf zum Anderen: „Herr Haller, ich stelle Ihnen hier Herrn Frankenstein vor, der von morgen an seinen Dienst antreten kann. Setzen Sie ihn auf die Liste als Volontär mit fünfzig Franken monatlich Ausnahmsgehalt. So, junger Mann, also morgen können Sie beginnen. Die Stunden sind: von acht bis zwölf Uhr Vormittags; dann, nach einstündiger Mittagspause, bis sechs; in Ausnahmsfällen heißt es wohl auch bis sieben oder acht Uhr bleiben. Befleißigen Sie sich strenger Pünktlichkeit und rüsten Sie sich mit Eifer für die Sache; je früher Sie sich die nothwendigen Kenntnisse aneignen, um so besser für Sie. Auf Wiedersehen."

Als Rüdiger das Comptoir verließ, hörte er noch den Chef zum Profuraführer sagen: „Er versteht noch gar nichts vom Geschäfte; es geschieht aus reiner Gefälligkeit für einen Bekannten, daß ich ihn zur Probe annehme."

Nun, das ging ja vortrefflich! Gnadenweise aufgenommen mit fünfzig Franken Monatsgehalt, nicht viel mehr, als er seinem Groom gegeben hatte. Wo waren seine Träume, seine Erwartungen, daß man den hochgebornen Herrn mit Enthusiasmus aufnehmen würde! Er begann jetzt allmählig einzusehen, daß man hier sehr wenig Federlesens mit ihm machte, nichtsdestoweniger wollte sich aber sein Dünkel noch nicht recht in die Verhältnisse fügen. Vielleicht hatte ihm da der Vormund einen Streich gespielt. Vom Professor an hatten ihn bis jetzt Alle als Bürgerlichen behandelt, es war somit möglich, daß es Jener für überflüssig gehalten, ihn als Mitglied der höchsten Wiener Aristokratie einzuführen.

Zu Hause angekommen, setzte er sich also sogleich an den Tisch und schrieb an Professor Merz, daß er zwar angenommen sei, daß er es aber doch traurig finde, wenn ein Graf Frankenstein nichts Besseres erreichen köune, als eine Volontärstelle in einer Wollhandlung, mit einem Gnadengehalte, das nicht einmal ausreichte, um sich satt zu essen.

Am nächsten Morgen war er übrigens pünktlich in seinem Amte, um von Herrn Haller die nöthigen Anweisungen und Anleitungen zu erhalten. Seine Arbeit bestand darin, Briefe, welche der Chef mit Bleistift aufgesetzt hatte, in's Reine zu schreiben.

Als er Abends nach Hause kam, müde und wie gerädert von dem ununterbrochenen Sitzen am Pulte, fand er eine Antwort des Professors vor; sie lautete einfach, daß die Anstellung seinen Kenntnissen entsprechend sei und daß man in der Schweiz keinen Unterschied zwischen einem Stelle suchenden Grafen oder Bürgerlichen mache; Beide seien angewiesen, auf gleiche Weise ihr Brod zu verdienen.

### 5.

Das Schreiben des Professors hatte ihm schließlich die Augen geöffnet, jetzt wußte er also doch, wie er daran war. Von Tag zu Tag schwand ein Stückchen Hochmuth und Eitelkeit dahin, und er begann immer mehr zu fühlen, daß er bisher von Ansichten befangen gewesen sei, die er nur mit einem sehr kleinen Theile der Menschheit gemein hatte. Weder sein unmittelbarer Vorgesetzter, noch der Chef behandelten ihn anders, als die übrigen Angestellten, die mindestens ebenso viel leisteten, wie er, und daher dieselben Rechte beanspruchen konnten. Ja, oft erhielt er Aufträge, welche mehr an „Hausknechtsarbeit" streiften, wenn es Kisten zur Bahn bringen und von dort absenden hieß, oder wenn irgend ein Abnehmer in der Stadt wünschte, daß man ihm Muster überbringe. Da mußte sich eben der Volontär herbeilassen, hinter dem Lastwagen einherzuschreiten, das Abwägen und die Aufgabe zu beaufsichtigen, oder die Musterkarten vorzulegen, um die Aufträge des Kleinhändlers in Empfang zu nehmen.

Allmählig gewöhnte er sich auch an solche Dinge, und es ging ein Monat dahin, ohne daß in seinem einförmigen Leben eine Veränderung eingetreten wäre. Pünktlich war er zur festgesetzten Stunde im Comptoir, pünktlich im Bett, Alles ging nach der Minute, und die Wittwe konnte mit Befriedigung behaupten, daß Herr Frankenstein ein recht braver junger Mann sei.

Was nun seinen Brodherrn betraf, so war dieser mit den Leistungen seines Volontärs nur mittelmäßig zufrieden. Der junge Mann schwebte theilweise in den Wolken, wie der Chef entdeckte; er saß oft in Gedanken vertieft über seinem Papierbogen, kratzte allerlei Schnörkel auf die Unterlage, zuweilen auch ein geheimnißvolles Wort oder vielleicht einen Namen; daneben wieder Anfangszeilen von Gedichten, und so kam es öfter vor, daß die Briefe mehr Zeit brauchten, als nothwendig war, oder daß sie fehlerhafte Angaben enthielten, was unter Umständen sehr schlimme Folgen haben konnte.

Eines Morgens trat der Chef noch röther als gewöhnlich aus seiner Kabine; er hielt ein Papier in der Hand, blickte forschend durch den Arbeitssaal und rief dann mit überlauter Stimme: „Wer hat diese Eselei gemacht? Wer hat an die Gebrüder Zimmermann geschrieben?"

Alle blickten auf, auch Rüdiger, der ebenfalls sehr roth wurde und dann erwiederte: „Ich habe vor fünf Tagen einen Brief an jene Firma abgesandt."

Herr Frisch schritt auf die Stelle zu, wo sein Volontär saß, schleuderte ihm das Blatt hin und schrie: „Nun, das mag eine schöne Dummheit gewesen sein, die Sie da zu Papier gebracht haben! Da lesen Sie die Antwort und —"

„Herr Frisch, ich muß bitten —" unterbrach ihn Rüdiger mit bebender Stimme.

„Ei was, Sie brauchen gar nichts zu bitten! Was ich von Ihnen verlange, ist Aufmerksamkeit und gute Arbeit. Sapperment, ich bezahle dafür und beanspruche daher eine entsprechende Gegenleistung; ich habe kein Geld dazu, um es für unbrauchbare Leute hinauszuwerfen."

Rüdiger fühlte die Blicke aller Uebrigen auf sich gerichtet und zitterte so vor Erregung, vor Zorn, daß er sich Gewalt anthun mußte, nicht dem Manne den nächstbesten Gegenstand an den Kopf zu werfen.

„Da lesen Sie die Antwort selbst!" herrschte ihn der Chef an. „Ich werde nicht klug daraus." Dann ging er grollend in sein Kabinet zurück.

Rüdiger wartete ein paar Minuten, bis er fühlte, daß er die Sprache wieder gewonnen, hierauf ging er geradewegs auf den Verschlag zu.

„Also was ist's?" frug der Chef, der glaubte, daß der Andere den Irrthum aufzuklären kam. „Was haben Sie in Ihrem Briefe —"

„Ich komme nicht in dieser Angelegenheit, Herr Frisch," unterbrach ihn Rüdiger. „Ich möchte vor Allem den Standpunkt klar stellen. Sie haben mich gröblich beleidigt, ich bin Edelmann und kann eine solche Beschimpfung nicht auf mir ruhen lassen."

„Sie sind Edelmann? Sagen Sie mir gefälligst: habe ich Sie als Edelmann oder als Schreiber in meinen Dienst genommen? Sind Sie in ersterer Meinung befangen, so muß ich erwiedern, daß ich kein gekröntes Haupt bin, um mir einen solchen Luxus zu gestatten, für alle Fälle bin aber ich der Herr in meinem Hause."

„Das bestreite ich nicht," versetzte Rüdiger, nach Ruhe ringend. „Allein es gibt gewisse konventionelle Gesetze, welchen zufolge man sich für eine Beleidigung zu verantworten hat."

„Aha, so ist das gemeint!" Der Chef drückte an den Telegraphen, und der Prokurist erschien sogleich in der Thür. „Herr Haller, mein Herr Volontär, der nebenbei Edelmann ist, fühlt sich in seiner Ehre gekränkt, weil ich mir erlaubt habe, seine Nachlässigkeit zu rügen. Es scheint, daß er erwartet, ich werde zwei Zeugen stellen, mit denen die seinen zu verhandeln haben, wie, wo und wann wir uns schlagen sollen. — Seien Sie so gefällig, mit ihm abzurechnen und den Namen aus der Liste der Angestellten zu streichen. So, Herr Frankenstein, Sie haben in meinem Comptoir nichts mehr zu suchen. Adieu!"

„Vorerst will ich Ihnen aber doch noch eine Lektion ertheilen!" fuhr nun Rüdiger außer sich auf. „Ich werde —"

Der Prokurist nahm ihn hastig beim Arme und flüsterte ihm begütigend zu: „Kommen Sie, ich bitte; beweisen Sie, daß Sie ein Mann von Bildung sind." Und er zerrte ihn mit sich fort.

Draußen angekommen, sagte er: „Lassen Sie die Geschichte auf sich beruhen; der Chef ist eben manchmal jähzornig, es war nicht so böse gemeint, wenn Sie ihm vielleicht auch diesmal Grund zur Unzufriedenheit gegeben haben. Ich werde Alles wieder in's Geleise zu bringen trachten."

„Ich danke Ihnen, Herr Haller. Nur Ihnen zu Liebe ließ ich mich abhalten, den ungeschliffenen Menschen zu züchtigen, wie er es verdiente. Von meinem Bleiben ist keine Rede; lieber verhungern, als das Brod eines solchen Menschen essen." Er packte hastig seine Sachen zusammen und verließ das Haus.

———

Da stand er also jetzt auf der Straße. Allerdings konnte von Verhungern keine Rede sein, denn wenn er es auch verschmähte, den Rest des ihm zukommenden Lohnes zu nehmen, so blieb ihm ja noch der Rest des „Nothpfennigs" und seine monatliche Zulage, aber auf diese Weise sah er kein Fortkommen vor sich. Und was das Schlimmste war, er mußte zugeben, daß er dem Anderen die Gelegenheit zu dem ganzen Auftritte geboten hatte; schon mehrmals war er in ruhigen Worten für kleine Nachlässigkeiten gerügt worden, die dadurch verschuldet worden waren, daß er sich nicht mit dem gehörigen Eifer seinen Arbeiten hingegeben hatte. Schließlich war es also nicht so unerhört, wenn der Kaufmann für sein Geld eine ordentliche Leistung verlangte, insbesondere da er wußte, daß es Viele als ein Glück betrachteten, bei ihm aufgenommen zu werden.

Frau Watterli war sehr unangenehm überrascht, als ihr der Miether mittheilte, daß er entlassen sei.

„Du lieber Himmel!" rief sie bedauernd. „Da haben Sie einen schönen Posten verloren; so ein angesehenes, vornehmes Haus!"

Er gab weiter keine Antwort, sondern ging sogleich auf sein Zimmer, um Professor Merz von dem Geschehenen Nachricht zu geben. Wohl gestand er zu, daß er nicht ganz ohne Schuld sei, aber doch beklagte er sich dabei auch bitter über die rohe Behandlung, die ihm zu Theil geworden, und er bat den Professor, ihm eine Beschäftigung ausfindig zu machen, die mehr seinem Geschmacke und seiner Vorbildung entspräche. Auch frug er ihn um Rath, ob es nicht vielleicht besser wäre, seine Studien in Zürich fortzusetzen, um dann vielleicht die Beamtenlaufbahn einzuschlagen.

Die Antwort ließ nicht lange auf sich warten. Der Professor bedauerte, daß Herr Frankenstein einen wahrscheinlich verdienten Tadel in der Art eines Corpsstudenten aufgenommen. Auf solche Art mache man sich nur lächerlich und ganz unmöglich; wenn die Geschichte in Bern bekannt würde, könnte Herr Frankenstein sicher sein, überall geschlossene Thüren zu finden. Jedem Dienstherrn stände schließlich das Recht zu, seine Angestellten zu tadeln, und wer die unglückliche Natur habe, sich nicht fügen zu können, der müsse eben sehen, wie er sich ohne fremde Beihilfe durchbringe. Den Schluß dieser Strafpredigt bildete die Aufforderung, nach Zürich zu kommen; es werde eben dort ein großes Hotel gebaut, und der Baumeister, ein näherer Bekannter des Professors, sei bereit, den jungen Mann anzunehmen, wenn derselbe sich einverstanden erkläre, die Aufsicht über die Arbeiter zu führen. —

Da begann denn nun eine fieberhafte Thätigkeit für Rüdiger. Der Neubau, der schon unter Dach stand, befand sich eine ziemliche Strecke weit außerhalb der Stadt, und es kam öfter als einmal vor, daß Rüdiger in einem Tage den Weg hin und zurück zehnmal zu machen hatte, denn nicht genug mit der Beaufsichtigung der Arbeiter, mußte er auch die Materialliste führen und bald dies, bald jenes aus der Niederlage holen, um es den Leuten gegen Bestätigung auszufolgen. Da fand er keine Zeit mehr, auf „standesgemäßes" Aeußere zu sehen, auch waren die staub- und schutterfüllten Räume nicht der geeignete Ort, um Kleider zu schonen. Sein Verkehr beschränkte sich fast ganz auf den Umgang mit den Arbeitsleuten; den Dienstgeber sah er wohl täglich, aber dieser hatte den Kopf voll von seinen Geschäften und fand keine Zeit, mit seinem Untergebenen von anderen Dingen zu sprechen, als von solchen, die mit dem Baue in Zusammenhang standen.

Rüdiger fügte sich in's Unvermeidliche; ganz unbewußt kam er allmählig in's Gleichgewicht, und je mehr die vergangenen Zeiten in die Ferne rückten, je mehr ihm das Einst traumhaft, fast unwahrscheinlich schien, um so stetiger nahm seine moralische Kraft zu. Er glaubte schon gar nicht mehr daran, daß er es gewesen, der vor nicht zu langer Zeit noch mit Tausenden um sich geworfen, während er jetzt allmonatlich die Franken zählte und einen Theil seines Verdienstes zu den Ersparnissen legte; er glaubte nicht, daß er in reich ausgestatteten Speisesälen fast täglich in Leckerbissen und feinen Weinen geschwelgt, da er jetzt, auf einem Steinblock sitzend, hastig sein kaltes Essen verzehrte, um erst nach dem Feierabend in einem bescheidenen Gasthofe ein ebenso bescheidenes Mahl zu sich zu nehmen. Und wenn er auf seine Kleider herabblickte, so mußte er über den Narren lächeln, der gemeint, ein anständiger Mensch könne einen Rock nicht länger als eine Saison hindurch tragen. Aber Eines glaubte er trotz alledem noch: nämlich, daß ihm ein wunderliebliches, edles Wesen treue Liebe zugeschworen, und daß dieses Wesen fest an seinem Schwure hielt, ebenso wie er noch die weihevolle Stunde deutlich in Erinnerung hatte, wo sie ihm ein Stück von sich selbst zum Andenken, zum Troste und zur Kräftigung auf den dornenvollen Weg mitgegeben.

Hier und da an freien Nachmittagen suchte er Professor Merz auf, der sich nun etwas zugänglicher und weniger gemessen zu zeigen begann. Der vielbeschäftigte Gelehrte liebte es, von seinem Fache zu sprechen, und wenn auch dem Anderen anfangs der Stoff einigermaßen trocken erschien, so begann doch der Eifer des Naturforschers sich Rüdiger mitzutheilen, und er nahm den Antrag des Professors, ihm Bücher zu leihen, dankend an.

Da öffnete sich ihm allmählig eine ganz neue Welt. Mit seinen Kameraden hatte er oft über die weltbewegenden Neuerungen gelacht und gemeint, daß es keine Kunst sei, auf seiner Stube allerlei Dinge auszuhecken, um sie dann als Thatsachen hinzustellen; jetzt aber mußte er erkennen, daß Alles auf Gesetzen aufgebaut war, auf nicht zu leugnenden Thatsachen, und daß gerade Jene zu verlachen und zu bedauern waren, die nichts davon wissen und wie die strampelnden Kinder ihr altes, morsches Spielzeug als das Bessere hinstellen wollten.

Auch Professor Merz war mit seinem Schützling zufrieden; sein letzter Brief an Rüdiger's Vormund lautete:

„Es macht sich, lieber Freund! Wir haben ihm so ziemlich den Krebs herausgeschnitten; das Brennen der Wunde thut noch weh, aber jetzt ist sie in guter Heilung begriffen. Er arbeitet tüchtig, spart und beginnt sich für vernünftigere Dinge zu interessiren, als für jene, die ihn zu einer gewissen Zeit in Athem hielten. Wenn er auf der neuen Bahn rüstig fortschreitet, so kann noch ein tüchtiger Mensch aus ihm werden."

Der Neubau war zu Ende des Frühjahrs fertig, und damit hatte auch Rüdiger's Thätigkeit sein Ende, denn sein Dienstgeber sah sich genöthigt, für einige Zeit alle Geschäfte aufzugeben, um vor Allem Heilung von einem schmerzhaften Leiden zu suchen.

Diese Eröffnung war für Rüdiger ein Donnerschlag. So sollte er jetzt wieder beschäftigungslos werden und die bescheidenen Ersparnisse aufzehren, die er mit so viel Entsagung zurückgelegt hatte?

Der Baumeister bemerkte den niederschmetternden Eindruck, den seine Mittheilung hervorgebracht hatte, und sagte theilnehmend: „Es thut mir wahrhaftig leid, daß ich augenblicklich so gar keine Verwendung für Sie habe, aber ich will versuchen, Ihnen meine Erkenntlichkeit für die geleisteten Dienste zu zeigen; vielleicht mache ich doch etwas ausfindig, was Sie vorderhand annehmen können, bis ich wieder arbeitsfähig geworden bin. Besuchen Sie mich in den ersten Tagen der nächsten Woche."

Der Mann hielt Wort. Als Rüdiger wieder vorsprach, benachrichtigte ihn Jener, daß er mit dem Besitzer des neugebauten Hotels Rücksprache genommen habe, und daß dieser bereit sei, Herrn Frankenstein als Buchhalter anzustellen. „Entspricht das Ihren Wünschen?"

Warum nicht? Heute war er nicht mehr wählerisch, und als der Architekt noch hinzufügte, daß ihm ein Gehalt von zweihundert Franken monatlich nebst freier Wohnung und Beköstigung bewilligt werde, meinte Rüdiger, daß er da einen herrlichen Treffer gemacht habe. Er sagte also auf der Stelle zu, und die Sache wurde schon am nächsten Tage so weit abgemacht, daß er zu Beginn der Saison eintreten konnte.

Arbeit gab es von da an in Hülle und Fülle: von früh bis spät saß er am Pulte, und oft hieß es einen Theil der Nacht opfern, wenn eben Reisende die Absicht hatten, früh am Morgen ihre Fahrt fortzusetzen. Der Zudrang wurde von Tag zu Tag stärker, der Wirth rieb sich immer vergnügter die Hände, während der Buchhalter vor Ueberarbeitung oft kaum noch die Feder zu halten vermochte.

Jetzt fand er auch nur höchst selten Zeit, den Professor aufzusuchen, denn in seiner gegenwärtigen Stellung gab es für ihn weder Sonn- noch Feiertage. Mit dem Vormunde war der briefliche Verkehr niemals ein besonders reger gewesen, und nun sah er sich genöthigt, dessen Schreiben nur mit ein paar kurzen Zeilen zu beantworten. Graf Hollbach unterließ es übrigens nie, der allmonatlichen Geldsendung einen Brief beizulegen, der in der Regel Nachrichten über Wiener Ereignisse enthielt. Da erfuhr auch Rüdiger über sich selbst Verschiedenes, denn sein plötzliches Verschwinden hatte immerhin einiges Aufsehen erregt. Nach der Behauptung der meisten Leute, besonders seiner genaueren Freunde, war er Schulden halber durchgegangen, um sich der Verfolgung seiner Gläubiger zu entziehen. Allerdings war der Vormund zu seiner Ehrenrettung eingetreten, aber so eine vorgefaßte Meinung ist nicht so leicht auszurotten, und somit blieb es bei der Legende.

Eines Morgens brachte der Portier wie gewöhnlich die Liste der am letzten Abend angekommenen Reisenden in's Comptoir. Rüdiger nahm sogleich dieselbe vor, um die Nummern in's Buch zu übertragen, als er plötzlich betroffen in seiner Arbeit innehielt und auf den Namen hinstarrte, der den eben geschriebenen folgte: „Baron Althausen aus Wien mit Frau und Tochter."

Das Herz begann ihm so gewaltig zu pochen, daß ihm fast der Athem ausging, und er mußte sich von seinem Sitze erheben, um ein paarmal den kleinen Raum auf und ab zu schreiten, so eigenthümlich beklommen und drückend war ihm zu Muthe.

Sie hier! Nur durch eine Treppe von ihm getrennt und nicht ahnend, daß er ihr so nahe war! Was sollte er thun? Hinaufeilen und — und was? Etwa melden lassen, daß der Buchhalter des Hotels den vornehmen Reisenden einen freundschaftlichen Besuch abzustatten wünsche?!

Wehmüthig schüttelte er den Kopf. „Du gehörst nicht mehr zu ihnen," murmelte er schmerzlich vor sich hin. „Diese Kreise sind Dir verschlossen, seitdem Du zur Klasse der dienenden Leute zählst." Er wußte ja, wie diese Hochgeborenen sich in Eis zu hüllen verstanden, wenn sie mit Jemandem zu verkehren hatten, der unter ihnen stand. Er selbst hatte es einst nicht besser gemacht so Manchem gegenüber. Ingrid — freilich, wenn er sie allein träfe, sie würde vielleicht den Mann, der sich redlich durchkämpfte, freundlich und theilnehmend empfangen, aber ihre Eltern, besonders der als hochmüthig bekannte Vater — nein, niemals!

Endlich fand er die nöthige Ruhe, um seine Arbeit wieder aufzunehmen, aber die Gedanken schweiften doch alle Augenblicke fort nach einem anderen Orte, als den, wo er in Bergen von Papieren eingekeilt saß.

So verging der Vormittag, und als die Frühstücksstunde geschlagen hatte, schlich er heraus, um einen forschenden Blick durch die Glasthür des Speisesaales zu werfen. Ihm war der Eintritt hier verwehrt, die Mahlzeiten wurden ihm nach einem kleinen Gemache gebracht, das an sein Bureau anstieß.

Wirklich! Dort saßen die Drei an dem der Thür

zunächst stehenden Tische, Ingrid gerade ihm gegenüber, und als sein Gesicht am Fenster auftauchte, hob sie eben den Blick und — war es Täuschung? Es hatte ihm geschienen, als ob sie plötzlich zusammengefahren wäre, als ob sich ihre Wangen purpurn gefärbt hatten. Aber da hörte er Schritte die Treppe heraufkommen und hastig zog er sich zurück.

Den ganzen Nachmittag über durchkreuzten die närrischsten Gedanken sein Gehirn, und einige Male war er nahe daran, ihr ein Billet durch Vermittelung eines der Stubenmädchen zukommen zu lassen, aber die Vernunft behielt schließlich die Oberhand. Wie, wenn das Briefchen in unrechte Hände gerieth, wenn ein Skandal entstand, und sein Dienstgeber erfuhr, daß der Buchhalter es gewagt, sich der Tochter eines angesehenen Reisenden in so unverschämter Weise zu nähern? Und überhaupt, wie durfte er eine von den Angestellten in's Vertrauen ziehen und dabei Ingrid bloßstellen? Es hieß, seine Sehnsucht bemeistern, entsagen, außer wenn vielleicht der Zufall ihm zu Hilfe kam und ein Wiedersehen unter vier Augen ermöglichte.

Er war so in Träumereien versunken, daß ein Hotelgast, der vor wenigen Minuten eingetreten war, sein Ersuchen um Ausfolgung des Adreßbuches zweimal wiederholen mußte. Der Fremde nahm das Buch endlich in Empfang und setzte sich an's Fenster, um das Gewünschte aufzusuchen und in sein Taschenbuch zu notiren.

Rüdiger wollte sich einstweilen wieder an die Arbeit machen, als nochmals die Thür geöffnet wurde, und ein

zweiter Herr hereintrat, bei deſſen Erſcheinen der Buch=
halter wie elektriſirt emporſprang.

„Ich erſuche, mir meine Rechnung vorzulegen; ich
werde dieſelbe hier begleichen, da ich ſogleich abreiſe,"
ſagte Baron Althauſen, Rüdiger kaum eines Blickes
würdigend. Da keine Antwort erfolgte, zog er einiger=
maßen ärgerlich die Augenbrauen in die Höhe, und jetzt
zeigte ſich in ſeiner Miene etwas wie Ueberraſchung, aber
auch nur für wenige Sekunden, dann kehrte der gewöhn=
liche gleichgiltige Ausdruck zurück.

„Herr Baron, kennen Sie mich nicht?" ſtammelte
Rüdiger befangen.

„Ich glaube, ich habe um meine Rechnung erſucht,"
erwiederte Althauſen mit eiſiger Kälte.

Rüdiger ſenkte beſchämt das Haupt. Wie hatte er ſich
nur ſo weit vergeſſen können! Mit zitternder Hand ſchrieb
er die Beträge heraus und überreichte dann dem Baron
das Blatt.

Letzterer zog ruhig ſein Taſchenbuch heraus, während
er die einzelnen Poſten durchſah und ſogar die Summe
noch einmal zuſammenzählte. Dann legte er eine größere
Banknote auf den Tiſch und wartete, bis ihm der Reſt
herausgegeben worden war. Die Brieftaſche wurde be=
dächtig verſorgt, der Hut ergriffen, dann wandte ſich der
Reiſende zum Gehen; an der Thür angekommen, blieb er
ſtehen, maß den jungen Mann mit ſtrengem Blicke und
ſagte: „Graf Frankenſtein, es iſt recht bedauerlich, daß
es mit Ihnen ſo weit kommen mußte." Ohne weiteren
Gruß verließ er das Comptoir.

## Novelle von A. G. v. Suttner.

Rüdiger war wie vernichtet in seinen Stuhl zurückgesunken; den Kopf in die Hand gestützt, blickte er stier zu Boden, und in seinem Schmerze vergessend, daß dort am Fenster ein Fremder saß, seufzte er ein paarmal schwer auf.

Da erhob sich der Fremde von seinem Platze und ging auf den Niedergeschmetterten zu. „Ich war unfreiwilliger Zeuge einer höchst peinlichen Scene," hub er an, während sein Blick mit dem Ausdrucke des Mitleids auf dem jungen Manne ruhte. „Sie werden es mir hoffentlich nicht verübeln, wenn ich Ihnen meine Theilnahme bezenge." Der Sprecher, ein ältlicher Mann, dem man es auf den ersten Blick ansah, daß seine Wiege in keinem Palaste gestanden, nickte vor sich hin. „Ja, ja, bei den Großen gibt es nur ein Zusammenhalten, so lange die goldene Kette nicht gerissen ist. Ich möchte nicht aufdringlich scheinen, lieber Herr, aber —"

„Aufdringlich?" unterbrach ihn Rüdiger, dessen Stimme vor Erregung und Schmerz bebte. „Theilnahme ist nie aufdringlich, wenn sie ehrlich ist, und Ihnen muß ich um so dankbarer sein, da ich Ihnen völlig fremd bin; Sie können ja nicht wissen, ob ich dieselbe überhaupt verdiene."

„In meinen Augen verdient sie Jeder, der vor ehrlicher Arbeit nicht zurückschrickt. Jener steife alte Herr gab Ihnen den Titel Graf; nun, ich will Ihnen aufrichtig gestehen, daß gerade dieser Umstand mich bewog, Sie anzusprechen, denn soweit ich Ihre Standesgenossen bisher kennen gelernt habe, würden sich nicht Viele zu solcher Arbeit bequemen. Der gemeine Mann, wie ich, ist von Kindheit auf gewöhnt, seine Hände als Werkzeuge zu betrachten, mit denen er sein Brod zu verdienen hat; in Ihren Kreisen herrscht die gegentheilige Ansicht: da sollen die Niederen arbeiten, damit die Hohen davon leben und ihre Zeit mit allerlei Thorheiten vergeuden können. Wollen Sie mir etwas Vertrauen schenken, junger Mann? Es ist nicht Neugierde, die aus mir spricht; ich könnte Ihnen vielleicht mit Rath und That zu Diensten sein."

Die schlichten Worte des Mannes brachten auf Rüdiger eine unendlich wohlthuende Wirkung hervor; er fühlte sich in eigenthümlicher Weise zu dem Fremden hingezogen, und so zögerte er denn keinen Augenblick, in kurzen Worten seine Geschichte zu erzählen.

Aufmerksam hörte der Andere zu, um dann, als Rüdiger geendet, zu erwiedern: „Ich glaube, hier auf diesem Posten werden Sie es kaum so bald zu etwas bringen; in einem Hotel ist der Kellner weit besser daran, als der Buchhalter. Es kommt nicht selten vor, daß Ersterer der Nachfolger des Besitzers wird, während Letzterer nie Aussicht hat, sich eine Selbstständigkeit zu erringen. Ihr Schicksal interessirt mich, Herr — Herr —"

„Frankenstein," ergänzte Rüdiger.

„Mit oder ohne Graf?" frug der Aeltere lächelnd.

„Ohne, bitte; der Graf hat hier nichts zu suchen, und heute bedaure ich schon nicht mehr, daß er begraben ist."

„Vielleicht feiert er doch noch seine Auferstehung."

„Mag sein; dann aber wird er beflissen sein, sich in bescheidenen Grenzen zu bewegen und ohne Rücksicht auf die Standesgenossen seine eigenen Wege zu gehen."

„Also, Herr Frankenstein, ich möchte Ihnen einen Vorschlag machen. Mein Name ist Brand, und ich bin einer von den Unternehmern der Gotthardbahn. Klein, sehr klein habe ich begonnen, heute besitze ich aber zum Glück genug Einfluß, um mich Solchen nützlich zu machen, die ehrlich auf ihr Ziel losstreben. Sagen Sie mir vor Allem: besitzen Sie irgend welche Ersparnisse, oder sind Sie ganz mittellos?"

„In Ihren Augen mag es lächerlich erscheinen, wenn ich von meinem Kapitale spreche: es beläuft sich auf fünfzehnhundert Franken."

„Warum lächerlich? Ich selbst habe mit dem dritten Theil den Grund zu meinem Vermögen gelegt. Die Summe, die Sie genannt, genügt vollkommen, um den Anfang zu machen. Würden Sie sich getrauen, bei uns eine Strecke zu übernehmen? Die Arbeiten sollen im kommenden Jahre vollendet sein, und wir brauchen thätige, energische Partieführer, auf die wir uns verlassen können."

„Getrauen? Ich bin zur Ueberzeugung gekommen, daß der Mensch mit gutem Willen, wenn auch nicht Alles, aber doch das Meiste durchführen kann, was er sich vorgesetzt hat. Wenn ich also wüßte, daß ich mein Auskommen fände —"

„Ich stehe Ihnen gut dafür, daß Sie dieses Auskommen finden werden, wenn Sie die Sache praktisch und mit aller Kraft anpacken. Genügt Ihnen das, wenn ich Ihnen die Versicherung gebe, daß Sie bis zu Ende des Baues Ihr Kapital verzehnfacht haben können?"

„Das wäre allerdings mehr, als ich mir hätte träumen lassen. Da griffe ich mit Freuden zu."

„Topp, es gilt; ich bin nicht der Mann, der mehr verspricht, als er halten kann; ich verspreche Ihnen diesen Erfolg und außerdem noch, daß ich bald nach der Vollendung dieser Linie eine ähnliche Beschäftigung für Sie finden werde, falls Sie Gefallen an der Sache haben." Herr Brand ergriff seinen Hut. „Schlagen Sie ein?"

„Und ob ich einschlage! Mit Freuden und Dankbarkeit; ich werde nie vergessen —"

„Ei, reden wir nicht weiter darüber; glauben Sie, einem Menschenfreunde mache es nicht selbst Vergnügen, einem Würdigen unter die Arme zu greifen? Ich habe mich noch selten in meinen Schützlingen betrogen gesehen. So, und nun lasse ich Sie bei Ihrer Arbeit; ich reise morgen ab; hier meine Adresse. Sobald Sie mit Ihrem Chef in's Reine gekommen sind, schreiben Sie mir, und Sie werden mich bereit finden, mein Wort einzulösen."

Diesmal hätte Rüdiger Grund gehabt, zu sagen: „Auch ein Glück kommt nie allein," denn am nächsten Morgen fand er unter den eingelaufenen Briefen einen, der die Aufschrift trug: „An den Buchhalter des Hotels Hagen."

Hastig riß er den Umschlag auf und las:

„Nicht verzagen, Rüdiger! Wenn man auch in untergeordneter Stellung oft Zurücksetzungen ertragen muß, so sind doch nicht Alle ungerecht; es gibt auch Menschen, die das muthige Kämpfen und Ringen unter was immer für einer Form mit Achtung erfüllt. Ingrid."

Drei Wochen nachher erhielt Graf Hollbach von seinem Freunde Merz folgendes Schreiben:

„Lieber Freund!

Dein Mündel ist mir durchgegangen; er will, wie es scheint, auf eigene Faust den Kampf um's Dasein ausfechten. Ganz urplötzlich hat er seine Buchhalterstelle, die gar nicht schlecht war, aufgegeben, um seine Siebensachen zusammenzupacken und auf die Wanderschaft zu gehen. Mir sandte er nur ein paar Zeilen des Inhalts, daß er vorhabe, sich mit seinen bescheidenen Ersparnissen an einem Unternehmen zu betheiligen; wenn der Versuch gelänge, solle ich weiter von ihm hören. Ich hoffe, daß ich bald in der Lage sein werde, Dir Näheres zu berichten.

Mit Gruß Dein

Merz."

6.

Das zweite Jahr, seitdem Rüdiger Wien verlassen, ging seinem Ende entgegen. Die Bahnarbeiten auf seiner Strecke waren vollendet und er hatte die Befriedigung, zu sehen, daß die Prophezeiung seines Gönners richtig gewesen: er befand sich im Besitz eines kleinen Vermögens von zwanzigtausend Franken, das durch Umsicht und Fleiß noch mit der Zeit vergrößert werden konnte.

Herr Brand, der den jungen Mann lieb gewonnen, hatte demselben gastfreundlich sein Haus geöffnet, und dort verkehrte Rüdiger nun fast täglich, um mit dem Aelteren allerlei Zukunftspläne zu berathen, während ihm die Gattin des reichen Unternehmers, eine sehr gebildete

Frau, Gelegenheit bot, die mit Professor Merz begonnenen Studien wieder aufzunehmen.

Dem Professor hatte er über seinen Erfolg Bericht erstattet, und von diesem war auch Graf Hollbach auf dem Laufenden erhalten worden. Den letzten Nachrichten zufolge war Rüdiger in Gesellschaft des ihm befreundeten Ehepaares auf eine kurze Erholungsreise nach Italien gegangen.

Der Aufenthalt dortselbst wurde übrigens abgekürzt, da ein großes Projekt aufgetaucht war, und Herr Brand es für nöthig hielt, sich bei Zeiten zu melden. Rüdiger beschloß, einstweilen den Abschluß des Geschäftes in Zürich abzuwarten. Kaum angekommen, empfing er aber ein Schreiben von seinem Vormunde, das vorläufig alle seine Pläne über den Haufen warf. Es lautete:

„Da Du in wenigen Tagen Deine Großjährigkeit erreicht haben wirst, fordere ich Dich auf, behufs Einsichtsnahme in Deine Angelegenheiten und Entlastung meiner Person in die Heimath zurückzukehren. Nachher magst Du selbst entscheiden, was Du in der Zukunft zu thun für das Beste hältst.

Zum Schlusse noch einige Nachrichten, die Dich interessiren dürften. Dein einstiger Zech= und Spielgenosse Grilling hat sich drückender Schulden halber erschossen. Stubenheim, mit dem Du ja auch auf befreundetem Fuße standest, heirathet morgen die einigermaßen abgetragene Tochter des nicht gerade gut beleumundeten Armeelieferanten Keiler. Baron Althausen ist vor wenigen Tagen einem Schlagflusse erlegen. Es stellt sich jetzt heraus, daß der steife Aristokrat es nicht verschmäht hat, an der Börse großes Spiel zu treiben, und daß dabei sein ganzes Vermögen in die Brüche gegangen ist. Seine Frau und Tochter sollen in sehr mißlicher Lage zurückbleiben.

In der Hoffnung, Dich bald zu sehen, grüßt Dich Dein Vormund
Hollbach."

Diese letzte Nachricht war für Rüdiger entscheidend. Ingrid in bedürftiger Lage! Da durfte er keinen Augenblick zögern, ihr Trost und Hilfe zu bringen. Hilfe? Großartig konnte sie allerdings nicht ausfallen, wenn aber seine Ersparnisse genügten und wenn sie sich entschließen konnte, ihm in die Fremde zu folgen, war sie wenigstens vor Noth gesichert. Ein neues Unternehmen in Gemeinschaft mit seinem Gönner stand ihm jedenfalls in Aussicht, und mit bescheidenen Ansprüchen war das Auskommen möglich, selbst wenn auch noch Ingrid's Mutter mit ihnen zog.

Dieser Gedanke hatte so viel Verheißendes, so viel Beglückendes, daß Rüdiger mit fieberhafter Ungeduld seinen Koffer packte, um sich ohne Zeitverlust auf den Weg zu machen.

Diesmal fuhr er zweiter Klasse.

Das Coupé, in dem er Platz gefunden, theilte eine alte Dame mit ihm, die sich die Zeit mit Patiencelegen vertrieb. Das brachte ihm unwillkürlich jenen Abend in Erinnerung, da er das Kartenorakel befragt hatte. Was war damals die Antwort gewesen? Ingrid? Niemals! Pah, heute glaubte er schon längst nicht mehr an derlei Dinge; heute wiederholte er sich ohne Unterlaß: „Ingrid, von Dir allein soll es abhängen; in Deine Hände lege ich unsere Zukunft!"

---

„Na, das nenne ich Eile!" sagte der Vormund, als der Ankömmling in sein Zimmer trat. „Weißt Du, daß ich noch drei Tage lang das Scepter zu führen berechtigt bin?"

„Gut, so will ich in drei Tagen wieder vorsprechen."

„Ei, wozu? Ich bin auf mein Amt nicht so sehr versessen, um es nicht heute schon aus den Händen zu geben, wenn Du willst; jedenfalls haben wir eine Menge Dinge zu besprechen, die ebenso gut augenblicklich in's Reine gebracht werden können. Vor Allem: was gedenkst Du nun zu thun?"

„Was ich zu thun gedenke? Nun, etwa eine Woche hindurch hier auszuruhen und dann einen Posten anzutreten, den mir ein vortrefflicher Mann angeboten hat."

„So, so; also fesselt Dich nichts mehr an die Heimath?"

„O ja, etwas gewiß, aber dieses Etwas, hoffe ich, werde ich mir mitnehmen. Allerdings wäre es mir lieber, hier mein Fortkommen zu finden, allein da diese Möglichkeit ausgeschlossen ist —"

„Vielleicht finde ich hier doch eine annehmbare Stelle, ja, vielleicht wäre sie schon gefunden. Doch sage mir zuerst, was es mit diesem ‚Etwas' für eine Bewandtniß hat."

„Warum soll ich ein Geheimniß daraus machen? Wenn Ingrid Althausen meine Lebensgefährtin werden will, so kann ich sagen, daß mir zu meinem Glücke nur noch wenig fehlt."

„Und Du glaubſt, daß ſie ſich ſo leicht in dieſe neuen Verhältniſſe finden wird?

„Ich glaube und hoffe es."

Der Graf lachte und klopfte Rüdiger auf die Schulter. „Da thuſt Du recht daran; ſie wird ſich darein finden."

„Woher vermutheſt Du das?"

„Ich brauche es nicht zu vermuthen, ich weiß es, denn ſie hat es mir ſelbſt geſtanden. Da ihr der Buchhalter nicht zu gering geweſen iſt, wäre ihr der Bauunter=
nehmer gewiß auch recht."

„Du haſt ſie alſo kennen gelernt?"

„Gewiß. Und da ich aus Deinen Briefen oft genug herauslas, wohin Deine Gedanken flogen, ſo glaubte ich Dir einen Dienſt zu erweiſen, wenn ich den Boden einſt=
weilen vorbereitete."

„Damit iſt mir auch ein unendlicher Dienſt erwieſen," verſicherte Rüdiger warm. „Ich danke Dir von ganzem Herzen dafür."

„Keine Urſache, gern geſchehen; ſie iſt in der That ein herziges Ding! — Das wäre ſomit abgemacht. Wir wollen nun, wenn es Dir recht iſt, zu den Geſchäften übergehen."

„Die werden wohl nicht viel Zeit in Anſpruch nehmen; oder haſt Du mir vielleicht die Mittheilung zu machen, daß meine hundertfünfundzwanzig Gulden Monatsrente eingeſtellt werden müßten?"

„Ja, ſo etwas ähnliches."

„Mir auch recht; ich ſtehe jetzt auf eigenen Füßen und werde mich wohl ohne Zuſchuß behelfen können."

Der Graf blickte dem Anderen höchlich befriedigt in's

Gesicht. „Brav, Rüdiger," sagte er beifällig, „Du hast Dich wacker herausgewunden. Gestehe aber, Du warst einmal ein ganz schändlicher Lump."

„Mit vollster Ueberzeugung lege ich dieses Geständniß ab."

„Und hätte Dir Dein Onkel eine Million hinterlassen, sie wäre denselben Weg gegangen, den damals die Tausende genommen haben, wie?"

„Das ist mehr als wahrscheinlich."

„Heute säßest Du dann da ohne Heller in der Tasche mit einem Ekel vor der Welt und vor Dir selbst im Herzen, oder Du hättest nach dem Beispiele jenes unglückseligen Grilling die Lösung in einem Pistolenschusse gesucht."

„Sehr möglich."

„Also gibst Du zu, daß ich nach bestem Wissen gehandelt habe, als ich der Sache energisch ein Ende machte, als ich —"

„Ich sage ganz offen und aufrichtig: ich danke es zum guten Theile Dir, daß ich ein Mensch geworden bin, der eine Berechtigung hat, die Wohlthat des Lebens zu genießen. Freilich, den Muth, die Ausdauer, die — ich möchte sagen — Todesverachtung hat mir Ingrid eingeflößt."

„Sehr schön. Was würdest Du aber jetzt sagen, wenn ich Dir gestände, daß Deine Verhältnisse nicht ganz so armselig seien, als ich sie Dir geschildert habe, wenn ich, um Dich vor dem Verderben zu retten, einen Gewaltstreich ausgeführt hätte?"

Rüdiger blickte überrascht auf. „Sprichst Du im Ernste?"

„Im vollsten Ernste."

„Dann könnte ich nur erwiedern, daß Du verdientest, der achte Weise genannt zu werden. Doch, bitte, sage mir offen, wie stehen die Dinge? Du wirst begreifen, daß mich Deine Anspielung auf's Höchste gespannt gemacht hat."

„Gewiß begreife ich das; höre also, mein Sohn: da Du Dich um Schönbüchl nur insoweit bekümmertest, als es für Dich eine Quelle war, aus der Du Gelder schöpfen konntest, ist mir die Ausführung meines Planes nicht zu schwer geworden. Du schätztest damals, wenn Du Dich erinnerst, den Besitz auf viermalhunderttausend Gulden. Ich ließ Dich gerne bei diesem Glauben, verminderte in meiner Rechnung die Einkünfte und erhöhte die Zinsen für Deine Schulden; das war also eine recht einfache Sache."

„Sehr einfach."

„Die Dinge stehen aber anders, mein Junge." Er ging an den Schreibtisch, wühlte eine Zeit lang unter Schriftsachen und brachte endlich ein großes verschlossenes Couvert zum Vorschein. „Dieses hier ist mein Rechenschaftsbericht. Setze Dich dorthin an den Kamin, zünde Dir eine Cigarre an, und lies die Sache mit Behagen durch. Du wirst freilich wieder viel Zahlen zu schlucken bekommen, aber heute dürftest Du die Sache gewöhnt sein; damals habe ich Dich damit überrumpelt, Dir mit denselben so den Kopf brummen gemacht, daß Du froh warst, als die Sache ein Ende hatte."

Rüdiger that, wie ihm geheißen. Er machte sich's im

großen Kaminstuhle bequem, zündete eine Cigarre an und öffnete den Umschlag.

Der Graf nahm ein Zeitungsblatt zur Hand und schien sich in dasselbe zu vertiefen, aber in Wirklichkeit schielte er mit einem Gemisch von Spannung und Freude zu Rüdiger hinüber.

Letzterer begann zu lesen; plötzlich aber legte er die Cigarre weg, fuhr sich über die Augen und begann dann wieder von Anfang:

„Das Gut Schönbüchl ist auf rund 600,000 Gulden geschätzt. Der verstorbene Graf Frankenstein, ein vortrefflicher Landwirth, wußte aus demselben ein jährliches Reinerträgniß von 24,000 Gulden zu ziehen. Da er selbst keinen besonderen Aufwand trieb, so fiel es ihm nicht schwer, in den ersten zehn Jahren die darauf lastenden 80,000 Gulden Hypothekenschulden abzuzahlen und in den folgenden elf ein Kapital von 150,000 Gulden zurückzulegen. Von dieser Summe wurden für Rüdiger Schulden in der Höhe von 50,000 Gulden bezahlt.

Bald, nachdem ich die Vormundschaft übernommen hatte, gelang es mir, durch Vereinfachung des Verwaltungsapparates und Einführung von Verbesserungen die Einnahmen auf 28,000 Gulden zu erhöhen. Es blieben somit nach Abzug der zweijährigen Rente für Rüdiger 53,000 Gulden, ferner vom Baarkapitale Zinsen 8000 Gulden, oder mit Ende des zweiten Jahres Alles in Allem 161,000 Gulden baar."

„Hast Du etwas gesagt," frug der Vormund, da er einen Ruf der Ueberraschung vernommen.

Diese Worte weckten Rüdiger aus seiner halben Betäubung; er sprang auf und eilte auf den Vormund zu. „So muß einem armen Teufel zu Muthe sein," rief er, „der eben gelesen hat, daß er das große Loos gewonnen! O, wie soll, wie kann ich Dir danken!"

„Du nimmst mir also den Streich nicht übel? So komm', mein Junge, und fall' mir in die Arme. Die Lehre war vielleicht hart, aber —"

„Aber heilsam! Und Du sollst sehen, daß ich sie mir für immer gemerkt habe. Und so wie ich auf meinen harten Wegen Freunde und theilnehmende Menschen gefunden habe, so will auch ich den Würdigen nach besten Kräften zur Seite stehen. Die Nächstenliebe lernt man erst dann recht, wenn man selbst in der Lage gewesen ist, sie zu beanspruchen. Billigst Du diese Vorsätze?"

Der Graf reichte dem jungen Manne die Hand, während helle Freude sich auf seinem Gesichte zeigte. „Ja, ich billige sie von ganzem Herzen. Und jetzt? Gedenkst Du noch immer, Bauunternehmer zu werden?"

„Nein, jetzt habe ich meine eigenen Unternehmungen zu leiten. Aber vorerst muß ich noch das Wichtigste in Ordnung bringen."

„Aha, ich verstehe." Wieder schritt er rasch zum Schreibtische und schrieb ein paar Zeilen auf ein Blatt Papier. „Hier, ihre Adresse; es ist eine bescheidene Wohnung in einer finsteren Gasse; geh, zeige dem Sonnenstrahl den Weg dorthin, und bring' sie mir bald zurück — Deine Ingrid!"

# Ein Kronprinz als Hochverräther.

Nach archivalischen Quellen mitgetheilt
von
### Richard March.

(Nachdruck verboten.)

Die Geschichte meldet uns alle erdenklichen Greuel von den Höfen barbarischer und halbcivilisirter, wie von denen wieder in Verfall gerathener Völker, indessen steht es fast einzig da, daß in einem civilisirten Lande Europa's der Kronprinz des Reiches vom eigenen Vater, dem herrschenden Könige, als Hochverräther erklärt wird. Und doch ist dies in Spanien in der neueren Zeit zweimal geschehen. Das erste Mal handelte es sich um den durch Schiller's Dichtung unsterblich gewordenen Don Carlos (geb. 1545), den Sohn König Philipp's II., der Andere aber war Don Fernando (geb. 1784), der Sohn des Königs Karl IV., ein Prinz, der im Oktober 1807 als Staatsverbrecher erklärt wurde und nur mit genauer Noth dem Tode entging, den jener unglückliche Don Carlos am 24. Juli 1568 im Gefängniß auf bisher unaufgeklärt gebliebene Weise erlitt.

Sind nun die Ansichten darüber verschieden, ob Don Carlos in bewußtem oder unzurechnungsfähigem Zustande gegen seinen Vater feindselig gehandelt und somit sein trauriges Geschick verdient habe, so stimmen sie hingegen in Betreff Ferdinand's vollkommen überein. Er war, ebenso wie Alexis, der am 14. Juni 1718 zum Tode verurtheilte und drei Wochen später im Kerker „unbekannt wie" verstorbene Sohn Peter's des Großen von Rußland, unbedingt ein Staatsverbrecher; er hat, gleich dem eben genannten Zarewitsch, den Hintritt seines Vaters mit der größten Ungeduld erwartet, und bei voller Vernunft und Zielbewußtheit „verwegene Anschläge wider seinen Landesherrn, sowie den Staat" geplant und in's Werk zu setzen gesucht. — Auch hinsichtlich der Beweggründe zu diesem Verbrechen besteht zwischen dem spanischen und dem russischen Thronerben eine gewisse Gleichartigkeit. Beide waren von Herrschsucht und einem finsteren, fortschrittsfeindlichen Geiste beseelt, aber während Alexis, eine rohe Natur, die man vergebens zu veredeln gesucht hatte, es klar aussprach, daß er nach der Krone strebe, um die ihm in tiefster Seele verhaßten Reformen seines Vaters wieder rückgängig zu machen, wußte der von seinem ersten Lehrmeister, Manuel Godoi, Herzog von Alcudia, schwerlich ohne Absicht schlecht erzogene und später von vielen mit der bestehenden Ordnung der Dinge unzufriedenen Persönlichkeiten als der einzige Bürge einer glänzenden Zukunft Spaniens gepriesene heuchlerische Ferdinand seine wahren Absichten zu bemänteln und im Volke den Glauben zu erregen, er sei nur durch die Zurücksetzungen und Demüthigungen, welche er auf Betreiben des inzwischen zum „Alles leitenden" Minister und allmächtigen Günstlinge vorgerückten Alcudia zu erdulden habe, zu dem Entschlusse getrieben worden, die Herrschaft an sich zu reißen.

In der That wußte schon im Jahre 1806 ganz Madrid von dieser Zurücksetzung des Prinzen von Asturien, wie der Titel des spanischen Thronfolgers lautet, sowie darum, daß die zwischen ihm und dem Herzoge schon längst bestandene Spannung den Charakter unversöhnlicher Feindschaft angenommen habe. Dank der wohlberechneten Geschwätzigkeit der zahlreichen Anhänger Ferdinand's waren im Volke sogar die Einzelheiten der im königlichen Palaste vorgefallenen heftigen Auftritte bekannt, deren leidender Theil der Prinz von Asturien gewesen, und allgemein wurde die Schuld daran dem Herzoge beigelegt. Auch hieß es, er schiebe sich wie eine Scheidewand zwischen Vater und Sohn, und es sei nicht unmöglich, daß er den ihm blindlings ergebenen König noch bewegen werde, Ferdinand von der Thronfolge zu seinen, des Herzogs, Gunsten auszuschließen.

Kein Wunder daher, daß das mit der das Land bedrückenden und schädigenden Herrschaft des Günstlings längst unzufriedene Volk in Ferdinand einen Märtyrer erblicken zu müssen glaubte, und hoch erfreut war, als Alcudia im Oktober 1806 eine schwere politische Niederlage erlitt. Er hatte nämlich, als Preußen mit Sachsen im Bunde Napoleon den Krieg erklärte, und dieser mit seiner ganzen Macht gegen die Deutschen ziehen mußte, die Gelegenheit wahrgenommen, seinen längst gehegten Plan, eine Vereinigung der Mächte gegen Frankreich zu Stande zu bringen, verwirklicht und, ohne das mit letz=

terem Staate 1796 zu San Ildefonso abgeschlossene Schutz- und Trutzbündniß zu achten, Portugal, sowie Großbritannien für seine Idee zu gewinnen gewußt. Die Folge davon waren jene überaus eifrig betriebenen Kriegsrüstungen Spaniens, von deren eigentlichem Zwecke die hochtrabenden Proklamationen Alcudia's vom 9. und 11. Oktober 1806 nichts zu sagen wußten, die aber Napoleon sofort als gegen sich gerichtet erkannte und als eine Treulosigkeit erklärte, welche gerächt werden solle. Vorerst jedoch begnügte er sich damit, seinem Gesandten in Madrid, Beauharnais, gleichzeitig mit der Nachricht von seinem am 14. Oktober bei Jena und Auerstädt über die Deutschen errungenen Siege, Aufträge zukommen zu lassen, in deren Befolgung Jener von Karl's IV. Regierung Aufschluß über deren kriegerische Maßnahmen begehrte. Und als der Herzog von Alcudia hierauf in Gegenwart des Königs versicherte, die Rüstungen hätten mit Rücksicht auf die feindselige Haltung Portugals und Großbritanniens — seiner heimlichen Verbündeten — sowie auf eine schon lange befürchtete Landung der Marokkaner in Andalusien erfolgen müssen, da schritt der Gesandte zur Erfüllung des zweiten Theiles seiner Aufgabe. Er wies nach, daß all' diese Gefahren eingebildete seien, und forderte mit Hinweis auf den Vertrag von San Ildefonso, Spanien solle von den 40,000 inzwischen mobilisirten Kriegern 24,000 Napoleon zur Verfügung stellen.

Was war zu thun? — Die 24,000 Mann verweigern, hieß die Treulosigkeit zugeben und sich einer Kriegserklärung aussetzen. Die Hilfe mußte also bewilligt werben, und die Truppen wurden von Napoleon alsbald nach Schweden geschickt, das der Eroberer gerade damals bedrängte.

Das war, wie schon gesagt, eine schwere Niederlage, und man gab sich im Volke der Hoffnung hin, der König werde einen so schlechten Rathgeber, wie Alcudia, endlich doch entlassen. Allein diese Erwartung erfüllte sich nicht, denn der Herzog hatte den König nicht nur zu dem Glauben bewogen, an dem Mißerfolge trage einzig und allein der Verrath der mit Portugal geführten geheimen Verhandlungen schuld, sondern in ihm auch den Verdacht erregt, der Verräther könne nur der Prinz von Asturien gewesen sein. Er selbst war bereits überzeugt davon, Ferdinand und kein Anderer habe Napoleon Beweise für den Bestand jenes geheimen Bündnisses geliefert.

Das war nun allerdings ein Staatsverbrechen, allein die Beweise hierfür konnten nicht beschafft werden. Und doch hätte Alcudia gerne Rache an dem seine Pläne durchkreuzenden Kronprinzen genommen. Er beantragte daher anfangs des Jahres 1807 in der wohlerwogenen Absicht, die Kluft zwischen Vater und Sohn zu erweitern, daß der seit Mai 1806 verwittwete Kronprinz mit seiner, des Herzogs, Schwägerin Marie Luise von Bourbon sich vermählen solle, und rechtfertigte diesen Vorschlag mit dem glühenden Verlangen, die zwischen ihm und Ferdinand herrschende Fehde beigelegt zu sehen.

Karl IV. ging hierauf mit Freuden ein, der Kronprinz aber wies, wie Alcudia gehofft hatte, diesen Vorschlag mit Verachtung zurück und wurde zur Strafe dafür vom Hofe in den einige Meilen von Madrid im Guadaramagebirge gelegenen Palast Eskorial verwiesen.

Der König kümmerte sich nunmehr wenig um seinen Sohn, und auch Alcubia schien demselben keine Aufmerksamkeit zu schenken. In der That aber wurde Ferdinand so scharf beobachtet, daß der Herzog um jeden seiner Schritte wußte. Indeß muß der Prinz seine auf des Thrones Umsturz abzielenden Pläne sehr vorsichtig gefördert haben, denn Monate vergingen, und der Herbst 1807 war bereits in's Land gekommen, ohne daß sich Alcubia Anlaß zu einem neuen Schlage gegen das „Schreckbild seiner Zukunft" geboten hätte. Endlich aber, als ihm seine Spione von einem ebenso heimlichen als geschäftigen Verkehre des Kronprinzen mit dem französischen Gesandten zu berichten wußten, als sie erzählten, sowohl Ferdinand als auch der ihm auf Leben und Tod ergebene General Herzog von Infantado seien verkleidet in Beauharnais' Palaste gewesen, da fand er das Korn reif zum Schnitte, und schon am anderen Morgen, es war der des 29. Oktober, entdeckte Karl IV. unter den ihm zur Durchsicht vorgelegten Papieren auch einen mehrfach versiegelten Brief, auf dessen Umschlage mit großen, in die Augen fallenden Zügen die Worte: „An den König" geschrieben standen. Hastig öffnete der Monarch das Couvert und las Folgendes: „Eure Majestät schweben in ernster Gefahr. Seine Hoheit der Prinz von Asturien langt nach Ihrer Krone, ja mehr noch, er bedroht Ihr geheiligtes Leben und erfreut sich in diesem ruchlosen Beginnen, wie es scheint, der Unterstützung der Franzosen. Eure Majestät!

Geruhen Sie rasch und energisch zu handeln. Zertreten Sie der Schlange das Haupt und belohnen Sie so die Wachsamkeit eines Mannes, der sich nennt Eurer Majestät allergetreuesten Unterthan."

Das wirkte. Karl gerieth in große Besorgniß und sandte sofort nach seinem zweiten Ich, nach Alcudia. Derselbe war indessen gerade in der Stunde so ernster Gefahr nirgends zu finden, und so sah sich denn der König gezwungen, andere ihm ergebene Personen in's Vertrauen zu ziehen und zu befragen, was in dieser Angelegenheit gethan werden müsse. Und siehe da, die Ansichten der Staatsmänner gingen diesmal nicht wie sonst auseinander, sondern stimmten vollkommen überein. Jeder der ohne Zeugen insgeheim Befragten wußte nur den einen Rath: Seine Majestät der König möge sich in Anbetracht dessen, daß die Anklage gegen den Prinzen von Asturien von einem Namenlosen ausgehe, vorerst über dessen hochverrätherische Gesinnungen Gewißheit verschaffen. Und zwar empfehle sich zu diesem Zwecke keineswegs die Gefangennahme und ein Verhör des Kronprinzen, sondern vielmehr eine gründliche, von Seiner Majestät selbst vorzunehmende Durchsuchung der prinzlichen Wohnung.

Der König war damit vollkommen einverstanden und alsbald auf dem Wege zu seinem Sohne. Mehrere Minister und zahlreiche Garden gaben ihm dahin das Geleite, der Herzog von Alcudia aber begnügte sich damit, dem glänzenden Zuge, hinter den Vorhängen seiner Wohnung verborgen, mit den Augen zu folgen. Diese Enthaltsamkeit mußte jedoch eine wohlerwogene sein, denn der

Herzog blickte so vergnügt darein, wie Jemand, dem ein großer Wurf gelungen ist. Und als sich einer jener Staatsräthe, welche den König in Betreff der gegen den Prinzen von Asturien zu ergreifenden Maßnahmen berathen hatte, einstellte und freudig erregt meldete, was geschehen sei, da flog ein dämonisches Lächeln über sein glattes Angesicht.

Der Kronprinz hatte keine Ahnung von der ihm drohenden Gefahr. Er besprach sich soeben sehr angelegentlich mit dem als mißvergnügt bekannten Infantado, als der König im Eskorial erschien. Infantado konnte sich nicht mehr entfernen, er wurde gefangen genommen, dem Prinzen von Asturien aber wurde bedeutet, alle die in seinem Arbeitszimmer befindlichen Schränke, Tische und Pulte zu öffnen. Dies geschah in Gegenwart sämmtlicher Staatswürdenträger. Eine Menge von Schriften kam zum Vorscheine, Schriften, welche auf des Monarchen Gebot der Justizminister mit Beschlag belegte und sofort zu prüfen begann.

Das Ergebniß war für den Prinzen sehr belastend. Man fand den Beweis dafür, daß er sich den Rang und Titel eines Königs von Spanien widerrechtlich beigelegt und als Ferdinand VII. in aller Form dem Herzoge von Infantado den Oberbefehl über die gesammte spanische Kriegsmacht verliehen habe. Der Kronprinz suchte sich auszureden, indem er erklärte, das ihn so schwer belastende Schriftstück sei unterzeichnet worden, als sein Vater am Rande des Grabes schwebte, und er befürchten mußte, in dem Herzoge von Alcudia einen Gegner seiner Thronbesteigung zu finden, allein der König wollte diese Recht=

fertigung nicht gelten lassen, und als sich ferner der Entwurf eines Briefes vorfand, welchen der Kronprinz erst vor Kurzem an Napoleon geschrieben hatte, und worin er dem Verlangen, sich mit einer französischen Prinzessin, der Tochter Lucian Bonaparte's, vermählen zu können, lebhaften Ausdruck gab, da schleuderte Karl IV. seinem Sohne die Anklage in's Angesicht, er habe auf Empörung gesonnen, schlauer Weise einen fremden Monarchen in sein Interesse zu ziehen gesucht und nur dessen Antwort abgewartet, um seine ruchlosen Pläne zu verwirklichen.

Der Kronprinz leugnete, allein da unter seinen Papieren auch in einer nur Eingeweihten lesbaren Geheimschrift abgefaßte Dokumente vorgefunden wurden, über deren Inhalt er jede Aufklärung entschieden verweigerte, nahm der König sein Verschulden als erwiesen an, forderte ihm den Degen ab, ließ ihn in Haft nehmen und erklärte ihn mittelst Proklamation vom 30. Oktober 1807 als einen Staatsverbrecher, der vom hohen Rathe von Kastilien abgeurtheilt werden solle.

Damit war nun das Todesloos über Ferdinand geworfen, doch niemand Anders als der Herzog von Alcudia entriß ihn dem Verderben. Allerdings höchst unfreiwillig, denn obwohl er ängstlich bemüht gewesen, selbst den leisesten Schein einer Einflußnahme auf des Kronprinzen Geschick zu vermeiden, wurde er vom Volke doch als der Urheber des Prozesses bezeichnet, und hatte allen Grund, für den Fall der Hinrichtung des Kronprinzen den Ausbruch einer Revolution zu besorgen, deren Wogen vor Allem ihn hinwegspülen mußten.

Ganz natürlich daher, daß er beschloß, als Retter des Kronprinzen aufzutreten, und so nicht nur den Edelmuth des Feindes zu beweisen, sondern sich auch den Beinamen „der Friedensfürst", der ihm zum Dank für die glückliche Vermittelung des Friedens zwischen Frankreich und Spanien 1795 verliehen worden war, auf's Neue zu verdienen. Im Verfolge dieser Absicht begab er sich am 5. November 1807 nach einer längeren Besprechung mit dem Könige zu dem Gefangenen und theilte demselben mit, daß Karl IV., auf's Höchste erbittert, den Tod aller inzwischen entdeckten Verschwörer fordere, und daß es nur ein einziges Mittel gebe, das Schrecklichste zu verhüten. Und zwar müsse der Prinz, „um sein und seiner Anhänger Leben zu retten", ein volles und reumüthiges Bekenntniß seiner Schuld an der jüngsten Verschwörung ablegen, beziehungsweise die von dem Herzoge schon fertig mitgebrachten Briefe unterschreiben.

Ferdinand war muthlos und gebrochen, er unterschrieb daher ohne Zögern zwei wohl mehr als die Wahrheit enthaltenden Briefe, deren einen Alcudia als „werthvolles Dokument" für sich behielt, während der andere Karl IV. vorgelegt wurde. Aber obwohl derselbe völlige Zerknirschung athmete und mit der Bitte um Gnade schloß, bedurfte es doch noch der Fürsprache der Königin, um den Monarchen zu bestimmen, dem Kronprinzen zu verzeihen und sich mit der Verbannung einiger seiner Rathgeber — darunter des Herzogs von Infantado — zu begnügen. Am Tage der Freilassung des Kronprinzen aber wurden in allen Kirchen der Hauptstadt, ja des ganzen

Landes für die Rettung des Königs aus großer Gefahr feierliche Dankgottesdienste abgehalten. —

Und nun zum Nachspiele dieser Ereignisse. Napoleon hatte dieselben scharf beobachtet und war, schon während sie im Gange waren, in Portugal eingedrungen, hatte am 13. November mit der kurzen Erklärung: „das Haus Braganza hat aufgehört in Portugal zu regieren," von diesem Königreiche Besitz ergriffen, und nachdem der portugiesische Hof am 29. November mit 17,000 Landeskindern nach Brasilien abgesegelt war, Lissabon besetzt. Nun wendete sich der Eroberer, eingedenk der von Alcudia an ihm begangenen Treulosigkeit, gegen Spanien, indem er im Februar 1808 in Madrid den Antrag stellen ließ, König Karl IV. möge sich unverweilt nach Mexiko einschiffen und fürderhin nur „als Kaiser von Amerika" dort regieren. Alcudia überredete den ihm blindlings ergebenen König auch, auf diese Zumuthung einzugehen, und traf bereits alle Anstalten zur Abreise, als ein von Murat, dem nachmaligen Könige von Neapel, befehligtes französisches Heer vor Madrid erschien. Es hieß wohl, diese Kriegsmacht sei zur Verstärkung der in Portugal stehenden Armee bestimmt, allein Niemand wollte daran glauben. Vielmehr meinte Jedermann, der Herzog von Alcudia habe Spanien an Napoleon verkauft und verrathen. Kein Wunder daher, daß, als es am 16. März 1808, wahrscheinlich durch Anhänger des Kronprinzen, ruchbar wurde, der König stehe auf dem Punkte, seine Unterthanen ihrem Schicksale zu überlassen, jener drei Tage während Aufstand ausbrach, in dessen Verlaufe vor Allem der Palast

Alcudia's zu Aranjuez von dem empörten Pöbel unter Mitwirkung der königlichen Garde gestürmt und verwüstet wurde. Sein Besitzer entzog sich nur mit genauer Noth der Rache des Volkes, das seinen Tod begehrte. Diese dringende Forderung erfüllte der König auch später nicht, wie denn überhaupt Alles, was er that, darin bestand, dem inzwischen verhafteten Herzoge die „wiederholt erbetene Entlassung" zu geben.

Dies geschah am 19. März und war die letzte Regierungshandlung des Königs, denn an demselben Tage erschien jene Proklamation, mittelst deren Karl IV. „seiner eingewurzelten Gebrechlichkeiten halber der schweren Last der Regierung zu Gunsten seines Sohnes Ferdinand entsagte."

So bestieg denn dieser, genau fünf Monate, nachdem er auf Leben und Tod angeklagt gewesen, als Ferdinand VII. den Thron seiner Väter, und das Erste, was er that, war die Einziehung des großen, unrechtmäßig erworbenen Vermögens Alcudia's zu Gunsten der Krone. Das Volk war über seine Thronbesteigung erfreut, allein seine bisherigen französischen Freunde, Beauharnais an der Spitze, versagten ihm die Anerkennung. Sie beriefen sich dabei auf ein vom 21. März datirtes Schreiben Karl's IV., worin derselbe, ohne Namen zu nennen, erklärte, nur die blutigen Scenen des 19. März und die Gefahr, worin sein Leben und das des „Friedensfürsten" geschwebt, hätten ihm die Thronentsagung abgenöthigt. Er protestire somit dagegen und lege die Entscheidung seines Schicksals, des Geschickes der Königin, sowie Alcudia's in Napoleon's Hände. —

Hierauf erfolgte keine Antwort. Napoleon ließ sowohl Karl IV. als auch Ferdinand VII., auf dessen Heirathsprojekt er übrigens scheinbar eingegangen war, im Unklaren, wen er für den rechtmäßigen König halte; Beide aber wurden veranlaßt, dem auf dem Wege nach Spanien begriffenen Franzosenkaiser bis über die Grenze, nach Bayonne, entgegen zu reisen, wohin schon früher der auf „dringende Veranlassung" Napoleon's ihm „übergebene" Herzog von Alcudia gebracht worden war. Und dies nicht ohne Grund, denn Napoleon bedurfte dieses „treulosen Menschen" bei Ausführung des großartigen Kunststückes, ein gewaltiges Königreich auf scheinbar rechtliche Weise an sich zu bringen. Kein Wunder daher, daß er sich mit ihm sehr angelegentlich unterhielt, bevor er Karl IV. und in dessen Beisein Ferdinand VII. empfing. Es war eine Art Konfrontation zwischen Vater und Sohn, eine Konfrontation, wobei der Erstere den Letzteren beschuldigte, ihn durch Erregung des Aufstandes gewaltsam vom Throne gestoßen zu haben, und die unbedingte Zurückstellung der Regierungsgewalt begehrte. Da Napoleon sich Karl IV. geneigt zeigte und außerdem deutlich zu verstehen gab, durch „Alcudia's Güte" im Besitze des von Ferdinand seinerzeit im Gefängnisse unterschriebenen Zugeständnisses einer Schuld zu sein, woraus die kühnsten Folgerungen gezogen werden könnten, zeigte sich der junge König, der im Grunde ein Feigling war, bereit, seine kaum ein paar Tage alte Krone wieder niederzulegen, und Karl IV. hatte nichts Eiligeres zu thun, als seinen getreuen Alcudia wieder in Amt und Würden einzusetzen, sowie auch zum Abschlusse jeder Art von Unterhandlungen mit Frankreich zu ermächtigen.

Das war es, was Napoleon, der Gefügigkeit Alcubia's sicher, gewollt hatte. Denn nachdem Ferdinand VII. am 6. Mai erklärt hatte, die Regierung wieder in die Hände seines Vaters zurückzulegen, wies Napoleon einen zwischen seinem Bevollmächtigten Duroc und Alcubia Tags vorher abgeschlossenen Vertrag vor, kraft dessen Karl IV. alle Rechte seines Hauses auf Spanien und Westindien unter den Bedingungen in Napoleon's Hände niederlegte, daß das Königreich Spanien als solches bestehen und die römisch-katholische Religion daselbst die einzige bleiben solle.

König Karl IV. war somit „ohne Land", aber er fand sammt Gemahlin und Familie, sowie dem unzertrennlichen Alcubia „Zuflucht in Frankreich", d. h. nebst verschiedenen Schlössern eine Civilliste von 30 Millionen Realen jährlich, während dem nunmehr wieder zum Prinzen von Asturien gewordenen Ferdinand, der sich weigerte, diesem Vertrage beizutreten, die Wahl zwischen seiner Unterschrift und dem Tode gelassen wurde.

Und wie einst im Kerker des Eskorial, so that er auch jetzt den rettenden Federzug, und Napoleon „erneuerte", nachdem er Ferdinand das Schloß Valencay zum Aufenthalte angewiesen hatte, „die alt gewordene Monarchie", indem er seinen Bruder Joseph Bonaparte, den bisherigen König von Neapel, auf den Thron Spaniens setzte. Dieser Thron hielt indeß nicht lange fest; schon nach fünf Jahren, 1813, brach er, wie so viele Napoleonische Schöpfungen, zusammen, und der Korse selbst bot Ferdinand VII. die Wiedereinsetzung an.

Infolge dessen kehrte der ehemalige Staatsverbrecher im März 1814 als König nach Spanien zurück, doch nicht, um, wie so Viele gehofft, sein Volk einer glücklichen Zukunft entgegenzuführen, sondern um zunächst den Eid auf die freiheitliche Konstitution von 1812 zu verweigern, diese umzustoßen und — obwohl er den bösen Einfluß der Günstlingsherrschaft genugsam kennen gelernt — von Finsterlingen geleitet in einem Geiste zu regieren, der, einem mittelalterlichen Despoten alle Ehre machend, das Volk wiederholt zur Empörung trieb. Ueberdies bescheerte Ferdinand seinem vielgeprüften Reiche dadurch, daß er das Erbfolgegesetz, demzufolge sein Bruder Don Carlos und dessen Nachkommen zur Thronfolge berufen waren, zu Gunsten seiner einzigen Tochter Isabella aufhob, auch noch die Carlistenkriege. Er starb 1833, Manuel Godoi, Herzog von Alcudia, aber verschied erst 1851 zu Paris, wo er, da ihm Napoleon zur Strafe für seine Treulosigkeit die in Bayonne geleistete Hilfe nicht mit klingender Münze gelohnt, bis zu der 1847 erfolgten Rückstellung seiner von Ferdinand VII. konfiszirten Güter in Dürftigkeit gelebt hatte.

# Die Buschmänner.

## Bilder aus Südafrika.
### Von
### P. Petersen.

(Nachdruck verboten.)

Zu den sogenannten „wilden" Völkerstämmen Süd=afrika's, die in den Landstrichen, welche dem dortigen deutschen Kolonialgebiet benachbart sind, ihre Wohnsitze haben, gehören auch die Buschmänner, die deswegen wohl eine etwas eingehendere Schilderung verdienen.

Dieselben finden sich nämlich östlich und nördlich von Angra=Pequena in Groß=Namaqualand zu beiden Seiten des Großen Fischflusses, ferner in größerer Zahl in der Wüste Kalahari und nordwärts bis über den Ngamisee hinaus.

Ihre Hauptsitze erstrecken sich von der Kafferngrenze im Südosten quer durch die Kapkolonie bis in den Nord=westen derselben, also im Süden des Oranjestromes.

Während der Name „Buschmann" ihnen von den Kolo=nisten beigelegt ist, nennen sie sich selbst san und sagua; doch ist man über den Sinn dieser Benennungen nicht recht klar. Th. Hahn führt zwei Deutungen an, indem er sie einmal „Gehetzte" oder „Verworfene" und dann auch

„Knechte" und „Unterwürfige" nennt. Wallmann dagegen heißt sie die „Seßhaften".

Obgleich sie von den Hottentotten in Sprache und Lebensweise grundverschieden sind, so sind sie doch mit ihnen von derselben Rasse. An Größe stehen sie ganz erheblich hinter diesen zurück. Sie machen den Eindruck des Zwerghaften und Verkümmerten, neigen wenig zur Fettleibigkeit, und ihre Haut ist von lederartig trockener Beschaffenheit, wenig elastisch und stark zur Faltenbildung geneigt; der Grundton ihrer Hautfarbe ist dem Kupferrothen zuneigend. Den übrigen Aethiopiern gegenüber sind sie hell zu nennen. Die Entwickelung der Behaarung ist sehr gering, doch ist Kahlköpfigkeit eine Seltenheit; die feinen Flaumhaare am Körper fehlen jedoch gänzlich; der Bart ist meistens nur schwach angedeutet. Eine hervortretende Eigenthümlichkeit ist der Hängebauch, von den Kapkolonisten „Armoed-Penz" genannt. Das Gesicht ist breit, die Augen stehen wagerecht, und der Blick hat etwas Scheues, Wildes, Funkelndes. Die gebogene Nase ist von der Wurzel an eingedrückt mit aufgestülpter Spitze, wie bei den Hottentotten. Der Mund ist breit, die Lippen sind mäßig aufgeworfen. Die Kieferparthie steht jedoch stark hervor, so daß das ganze Gesicht eine schnauzenförmige Gestaltung hat; auch tragen die großen, abstehenden Ohren viel dazu bei, den Eindruck des Thierischen zu erhöhen.

Der Buschmann besitzt eine ganz besondere Ausdauer, besonders zeichnet er sich als Dauer- und Schnellläufer aus und erzielt als solcher eine verhältnißmäßig große

Durchschnittsgeschwindigkeit. So hager die Buschmänner auch sind, daß sie aussehen wie durch das Fieber heruntergekommene Individuen, so laufen sie doch „mit der Geschwindigkeit eines Vogels". Gewisse Wildarten erjagen sie sich mit Erfolg, indem sie dieselben zu Fuße müde hetzen, wobei ihnen die Schärfe der Sinne, besonders der Augen, und die ausgezeichnete Spürkraft zu Hilfe kommt. An Hunger und Durst, überhaupt an Entbehrungen ist der Buschmann von Jugend auf gewöhnt.

Seine ganze Lebensweise ist wenig dazu geeignet, besondere Eigenschaften des Geistes und des Gemüthes zu zeitigen und zu entwickeln. So macht Burchell über den vollkommenen Mangel an Vernunft dieser Menschen die abenteuerlichsten Mittheilungen; doch geht er darin zu weit, weil seine Beobachtungen nicht eingehend genug sind. So viel läßt sich aber mit Sicherheit behaupten, daß ihre geistigen Fähigkeiten sich nur auf das erstrecken, was zum Unterhalte und Genusse des Lebens ihnen unbedingt nöthig ist. Die religiösen Vorstellungen sind höchst mangelhaft und verworren. „Der Buschmann ist das unglückselige Kind des Augenblicks," sagt G. Fritsch, und faßt in diesen bezeichnenden Worten sein ganzes Urtheil über den Charakter dieses Volkes zusammen. Er ist bis zum höchsten Grade unbedachtsam und läßt sich zu einer That durch die augenblickliche Neigung bestimmen, ohne die daraus entspringenden Folgen zu erwägen.

Auf der niedrigsten Stufe der Kultur stehend, ist er ein Jäger, und in dieser Beziehung wohl der entschieden geschickteste Mensch, den man sich nur zu denken vermag.

Von der Natur scheint er schon ganz besonders zu dieser Lebensweise individualisirt. Bedenken wir nur die Ausdauer, welche dem kleinen, schmächtigen, sehnigen Körper innewohnt; die Fähigkeit, Hunger und Durst zu ertragen, die ungeheure Schärfe der Sinne, wie wir sie bei keinem anderen Volk der Erde kennen, so läßt sich leicht begreifen, daß er ein vollendeter Jäger sein muß. Abhängig vom Wilde, muß er seinen Aufenthalt öfters wechseln, und daher lebt er auch nur familienweise oder in kleinen Trupps beisammen, da nur immer Wenige sich auf einem gewissen Raume von der Jagd zu nähren vermögen. Die Frauen und Kinder sind gezwungen, alle Strapazen der Männer mitzumachen, und es fehlt ihnen somit die nöthige Ruhe ganz und gar.

Obgleich der Buschmann, wie bereits erwähnt, in manchen Beziehungen vielleicht auf der niedrigsten Stufe unter den Völkern Afrika's steht, so ist er doch durch seine unbeugsame Freiheitsliebe vor ihnen ausgezeichnet. Er beugt sich keinem Sklavenjoche, und selbst in der Gefangenschaft verläßt ihn der wilde Freiheitsdrang nicht. In wildem Hasse führt er Krieg gegen Alles, was seine Freiheit einschränken will. Besonders sucht er die Viehheerden zu zerstören, durch welche er immer mehr aus seinen Jagdgründen zurückgedrängt wird. So lange man von Buschmännern weiß, kennt man sie auch als Viehdiebe. Schon aus älteren Schilderungen wissen wir, daß es Sitte der Buschmänner ist, das geraubte Vieh zu tödten, oder es elend verschmachten zu lassen, nachdem sie demselben die Sehnen der Fersen durchgeschnitten haben.

Da aber die Weißen und ebenso die Hottentotten hier ausschließlich von Viehzucht leben, so ist beständig Krieg zwischen diesen und den Buschmännern.

Von einer eigentlichen gesellschaftlichen Organisation weiß der Buschmann sehr wenig. Alles, was eine andere Sprache, andere Sitten und Gebräuche hat, als er, ist sein Feind. Sein einziger Besitz sind seine Waffen. Sein Familienleben ist ein äußerst lockeres, ja oft muß man bei ihm an jeder menschlichen Regung zweifeln. So erzählt Livingstone von einem alten Buschmann: Als unsere Geschenke an Fleisch sein Herz erwärmt hatten, erzählte er beim Feuer seine früheren Abenteuer, und unter Anderem auch die Ermordung von fünf Buschmännern. „Zwei," zählte er an seinen Fingern, „waren Weiber, einer ein Mann, und zwei Kinder."

„Welch' ein Schurke seid Ihr, daß Ihr Euch rühmt, Weiber und Kinder Eures eigenen Volkes getödtet zu haben! Was wird Gott sagen, wenn Ihr vor ihm erscheint?"

„Er wird sagen, daß ich ein tüchtiger Kerl war!"

Dieser Mensch erschien vollkommen gewissenlos und von Natur jedes Gefühles der Verantwortung bar zu sein; als ich ihn aber durch weitere Gespräche aufzuklären suchte, entdeckte ich, daß er, wiewohl das Wort anwendend, welches die Buschmänner für Gott haben, immer nur die Idee eines Häuptlings im Sinne halte und zwar des Sekomis, von welchem er gegen eine Schaar aufrührerischer Buschmänner gesandt worden war.

Der Buschmann beweist nicht nur eine unerhörte Grausamkeit, sondern auch einen hohen Grad von Muth, der an Todesverachtung grenzt. Ohne alle Bewaffnung treiben sie den Löwen, um ihn in einem Hinterhalte zu überfallen. Wie oft haben nicht Einzelne mit ihrem ärmlichen Bogen sich gegen ganze Schaaren von Weißen zur Wehre gesetzt. So hat das Furchtgefühl vor den Buschmännern zur Entwaldung Südafrika's viel beigetragen, indem die Weißen Alles um ihre Ansiedlungen ausrodeten, um das unbemerkte Anschleichen der wilden Feinde zu verhüten.

Selten geht der Buschmann in einen civilisirteren Zustand über, noch seltener verharrt er in demselben, so daß man annehmen darf, daß diejenigen von ihnen, welche sich den Weißen angeschlossen haben, gemischten Blutes sind. Viele Missionsversuche sind mit ihnen angestellt worden, die aber meistens scheiterten. Bald waren es die Feindseligkeiten der wilden Buschmänner, bald Reibereien mit den Ansiedlern der Nachbarschaft, meistens aber die Ungeneigtheit und Widerspenstigkeit der zu Bekehrenden, welches alle Mühe fruchtlos machte.

Der Buschmann bestätigt den Satz, daß bei den Naturvölkern die Kleidung sich nicht in erster Linie nach dem Klima und den Bedürfnissen richtet, sondern nach der Kulturstufe; daher er sich auch in sehr unvollkommener Weise kleidet. Ihm genügt ein dreieckiges Stück Fell, das mit einer Schnur um die Hüften befestigt wird. Dagegen trägt er über dem ganzen Körper eine tüchtige Schmutzkruste, weshalb auch Lichtenstein von ihnen schreibt: „Die Farbe ihrer Haut war nur an wenigen Stellen erkennbar; ein dicker Ueberzug von Asche und Fett deckte, wie eine Rinde, das Gesicht und die mageren Glieder. Nur unter den Augen, die von dem Rauch des qualmenden Feuers, an welchem sie zu sitzen lieben, oft thränen, war ein kleiner Fleck rein gewaschen, an welchem man die eigenthümliche, gelbliche Farbe der Haut erblickte." Der Buschmann liebt es, sich mit Buchusalbe zu beschmieren, und da er sein Nachtlager häufig aus am Feuer erwärmten Sand und Asche bereitet, so ist die Schmutzkruste bald hergestellt. Die Frauen tragen einen größeren Lendenschurz als die Männer, der mit ledernen Fransen verziert ist, und um die Schultern den Tragmantel, worunter auch die Säuglinge Wärme haben. Männer und Frauen tragen vielfach Sandalen von Fell oder Bastgeflecht; doch sieht man sie auch häufig barfuß den glühenden Sand durchwaten oder Dorngestrüpp durchdringen. Viele Schmuckgegenstände findet man nicht bei ihnen; höchstens einige Messing= oder Eisenringe, oder eine Kette dunkler Perlen, die sie von Europäern für geleistete Dienste empfingen und womit sie Haare und Hals schmücken; oder sie bereiten sich Jagdtrophäen aus Federn und Hasenschwänzen, die sie in den Haaren tragen, oder solche aus Zähnen, Klauen, Hörnern und Muscheln, die den Hals zieren. In Ziegenhörnern und den kleinen Schalen der Landschildkröte tragen sie ihren Tabak, ihre Salben und Amulette an den Hüften oder am Halse.

Nothwendiger, als die Kleidung, sind dem Buschmanne seine Waffen. Die Kleidung entbehrt er gern, denn er ist genügsam und abgehärtet, aber seine Waffen muß er haben; nur sie ermöglichen ihm das Leben, auf sie ver=

wendet er alle Sorgfalt und sie sind daher auch fast die einzigen Erzeugnisse seiner Kunstfertigkeit. Er besitzt Bogen, Pfeil und Wurfkeule (Kirri). Erstere sind seine nationalen Waffen, die er von allen Südafrikanern am geschicktesten herzustellen und zu benutzen weiß. Der Bogen, 1,5 Meter lang, ist höher als der Mann selbst und besteht aus einem mäßig gebogenen, in der Mitte verdickten harten Holzstabe, mit einer strohhalmdicken Sehne, die aus Thiersehnen zusammengedreht ist. Die Pfeile sind von verschiedenster Form, und ihre Spitze besteht aus Knochen, Eisen oder Glas. Im Münchener Museum befindet sich ein Buschmannspfeil, dessen Spitze aus Glasplättchen besteht. Besonders gefährlich werden diese Pfeile dadurch, daß sie meistens vergiftet sind.

Das Gift der Buschmannspfeile ist sehr stark. Es tödtet selbst größere Thiere nach wenigen Stunden. Ueber die Bereitung des Giftes weiß man nicht Sicheres anzugeben; doch soll der Hauptbestandtheil nach Uebereinstimmung der meisten Berichterstatter Schlangengift sein. Dieses wird mit dem Safte einer Zwiebel, der Giftamaryllis, in bestimmter Weise angemacht. Daß aber die Giftamaryllis ungefährlich ist, geht daraus hervor, daß die Buschmänner mit demselben Safte ihre Geschirre zusammenkitten. Nur gegen Raubthiere bedienen sie sich der Giftpfeile, selten gegen Menschen; es sei denn aus Nothwehr oder um in den Besitz ihrer Heerden zu gelangen.

Der Buschmann ist ein Meister in der Handhabung des Bogens; auf 60 bis 80 Schritt Entfernung trifft er ganz sicher, was für einen Jäger von solcher Feinheit des

Gehörs und solcher Geräuschlosigkeit der Bewegungen vollständig genügt. Für seine Pfeile hat er einen Köcher aus der Rinde der Aloë perfoliata (Koferbaum der Boeren), mit einem Boden und Deckel aus Leder, auch wohl ganz mit Leder überzogen. Ein solcher Köcher faßt gegen 30 Pfeile, einen Pinsel zum Auftragen des Giftes und die Feuerhölzer.

Eigentliche Wohnungen besitzt der Buschmann bei seinem unstäten Wanderleben nicht; ja er hat selten ein Zelt, wie die anderen Wanderstämme. Er begnügt sich mit Felsenspalten und Höhlen, oder mit einem überhängenden Steine, der ihm nothdürftig Schutz gegen die Unbilden der Witterung bietet. Bisweilen bildet er sich auch wohl einen Windschirm, indem er einige Zweige zusammenbiegt und mit anderen Zweigen und Moos verflechtet, um darunter sich ein Lager von Moos und Laub aufzuschütten. Nur in ganz seltenen Fällen, wenn er ein recht ergiebiges Jagdgebiet antrifft, versteigt er sich zum Hüttenbau, indem er einige Pfähle in die Erde treibt und diese mit Zweigen und Fellen bekleidet. In solchen Fällen flechten auch die Weiber rohe Matten zusammen. Nur in den felsigen Gegenden der Boerenfreistaaten soll er sich eine Art Kral bauen, indem er die Hütten mit einem Ring aus locker aufeinander gelegten Steinen und mit Fanggruben umgibt. Barrow beschreibt einen solchen Kral als aus ärmlichen Strohhütten bestehend.

Selbstverständlich kann von Hausgeräth kaum die Rede sein, denn was der Buschmann nicht mit sich führen kann, das kann er auch nicht gebrauchen. Selbst Hausthiere, so oft er sie auch raubt, scheinen ihm eine Last, deshalb tödtet er sie und verzehrt sie so schnell als möglich. Um seine Mahlzeit zu bereiten, braucht er nur Feuer, welches er, wie andere Naturvölker, durch Aneinanderreiben eines harten und eines weichen Stückes Holz erzeugt. Er bereitet sein Fleisch, indem er die einzelnen Streifen in's Feuer wirft, um sie gar zu machen. Ganz roh genießt er nur Insekten, besonders Läuse, und die sehr beliebten Eier der weißen Ameise. Auch Eidechsen, Schlangen, Frösche, Würmer, Raupen und Larven verzehrt er mit Behagen. Honig ist seine Lieblingsspeise. Das Pflanzenreich liefert ihm Zwiebeln und Wurzeln; trotz ihrer Bitterkeit genießt er auch die wilde Wassermelone, deren Saft ihm oft das einzige Mittel zum Löschen seines Durstes bietet. Er ist ein leidenschaftlicher Raucher und daher für Tabak leicht zu Dienstleistungen herbeizuziehen.

Kenntnisse von der Natur hat der Buschmann in erstaunlicher Fülle, so daß man sich wundern muß, daß er diese nicht besser verwerthet. Auch eine merkwürdige Nachahmungsgabe besitzt er. Vermöge seiner an eine biegsame, höchst formenreiche Sprache gewöhnten Zunge vermag er die Vogellaute, sowie auch die verschiedenen Stimmen der Vierfüßler auf's Täuschendste wiederzugeben, wodurch ihm die Jagd mit seinen primitiven Waffen bedeutend erleichtert wird, da dieses Talent ihm zu Hilfe kommt beim Beschleichen der Thiere. Merkwürdig ist in dieser Beziehung die Straußenjagd, die er vermittelst eines sattelartigen, mit Straußenfedern besetzten Polsters, das er auf den Schultern trägt, und woran sich vorn der ausgestopfte Kopf und der Hals eines Straußes befindet, ausübt. Mit den Waffen in der linken Hand sich unter solcher Maske anschleichend, weiß er den Strauß in einer Weise zu täuschen, daß er leicht auf Schußweite an ihn heranzukommen vermag. Seine Nachahmungsfertigkeit erstreckt sich sogar auf eine leidliche Nachbildung von Menschen und Thieren. Theils sind dieselben durch den Pinsel mit den vier Farben Weiß, Schwarz, Roth und Ocker auf Felsen hergestellt, theils sind sie eine Art Bildhauerarbeit, mit einem Stift in weichem Sandstein ausgekratzt, oder gar in hartes Gestein eingemeißelt. Pferde sollen häufig in ihren Zeichnungen vorkommen, außerdem der Strauß, verschiedene Antilopen, Quaggas, Paviane und Rinder.

Vom Familienleben des Buschmannes weiß man sehr wenig. Der mannbare Buschmann sucht sich ein Weib, wobei persönliche Zuneigung maßgebend zu sein scheint. Die Werbung geschieht durch Verwandte des Jünglings, die seine Geschenke mitbringen. Die Annahme der Geschenke gilt als Zusage. Ein Schmaus und Geschenke der Angehörigen und Freunde besiegelt den Bund. Vielweiberei ist gestattet. Nur die nächsten Bande der Blutsverwandtschaft bilden ein Hinderniß der Ehe. Die Weiber nehmen eine sehr niedrige Stellung ein, sie stehen auf der Stufe der Dienerinnen und des Lastthieres. Auf der Wanderung müssen sie neben ihren Kindern einen großen Theil der Vorräthe tragen, damit der Mann unbehindert seine Waffen führen kann; sie haben für Feuer, Nahrung, Wasser, kurz für Alles zu sorgen. Wird ein Weib auf der Wanderung krank und schwach, so wird es ohne Weiteres zurückgelassen und neben ihm eine Schale mit Wasser, einige Wurzeln und etwas Fleisch gestellt. Ohne Reinigung, Wartung und Pflege wachsen die Kinder heran, die lange gesäugt, dabei aber schon in den ersten Tagen auch mit Wurzeln, Fleisch und anderen festen Nahrungsstoffen gefüttert werden. Kaum kann der Knabe laufen, so wird er von dem Vater in die Geheimnisse des Schießens, der Wildspuren und des Honigsuchens eingeweiht. Die Mutterliebe soll recht groß sein, und Th. Hahn erzählt davon merkwürdige Beispiele, wie die Mutter mit Todesverachtung ihr Kind zu schützen weiß.

Die Buschmänner haben wohl religiöse Vorstellungen, aber keine eigentliche dogmatische Religion. Alle ohne Ausnahme tragen Amulette, um böse Geister abzuwehren oder das Glück sich unterwürfig zu machen. Um den Willen der Geister zu erfahren, würfeln sie. Ein Buschmann, der Livingstone begleitete, warf seine Würfel und erklärte, der Geist gebiete ihm, umzukehren. In den Denkmälern hervorragender Todten lassen sich gewisse Spuren von dem Glauben an eine Fortdauer nach dem Tode erblicken. Man wirft auf die Gräber der Häuptlinge, so lange ihr Andenken währt, Steine, die zu Grabhügeln anwachsen, unter welchen dann spätere Geschlechter böse Geister vermuthen, die ihnen den Hals umdrehen, wenn sie nicht ebenfalls Steine dazu werfen. Die Buschmänner der Natuliberge haben ein Sprichwort: „Der Tod ist nur ein Schlaf." Auch die Begräbnißweise deutet auf einen Glauben an eine Fortexistenz nach dem Tode hin. Die ganze Familie verläßt den Ort, an dem Jemand gestorben ist, nachdem sie seine Hütte zerstört hat. Der Todte wird am Haupte gesalbt, dann einer Räucherung unterworfen und in ein gegrabenes Grab gelegt. Die Todten werden nach Campbell mit nach der Sonne gewandtem Gesicht begraben. Die Gegenstände des täglichen Gebrauchs werden ihnen mit in's Grab gelegt, so dem Manne besonders seine Waffen.

Auch gewisse mythische Vorstellungen kommen bei den Buschmännern vor. Kein afrikanisches Volk hat einen reicheren Schatz von Thiermythen. Ebenfalls scheinen Sonne und Mond eine hervorragende Stellung einzunehmen und zwar sind sie Gegenstände der religiösen Verehrung. Bleek zweifelt gar nicht daran, daß die Buschmänner zur Verehrung der Himmelskörper fortgeschritten seien. Von der Sonne erzählen sie, daß sie als Mann auf der Erde lebte und Licht aus der Achselhöhle ausstrahlte, das aber nur einem kleinen Raum um die Hütte zu Gute kam; deshalb sandten die Buschmänner einige Kinder aus, um sie in den Himmel zu werfen, wo sie seitdem Allen scheint. Der Mond tritt ebenfalls in ihren Sagen als ein Mann auf, von dem die Sonne in ihrem Zorn mit dem Messer (ihren Strahlen) Stücke abschneidet, bis er bittet, sie möge noch ein wenig für ihre Kinder übrig lassen. Dieses Stück wächst dann wieder, bis es Vollmond wird. Mit dem Monde wird der Ursprung des Todes in Verbindung gebracht. Auch Kenntnisse von den Sternen haben sie. Das Sternbild Kastor und Pollux nennen sie die Elenkühe, Magellan's Wolke nennen sie den Steinbock.

Nach allen diesen Anführungen wird man zu der Ueberzeugung gedrängt, daß die Buschmänner, obwohl auf der niedrigsten Kulturstufe stehend, doch ein sehr interessantes Volk sind. Es finden sich bei ihnen religiöse Vorstellungen, soziale Gliederungen, Kunsttriebe, kurz alle die Anfänge jener Kultur, auf deren Ausbildung wir selbst so stolz sind und die in ihren ursprünglichsten Formen wieder zu finden uns so lebhaft interessirt, daß der Buschmann noch lange eines der hervorragendsten Beobachtungsobjekte für den Forscher sein wird.

# Mittelalterliche Kriegslisten.
## Kulturgeschichtliche Skizze
### von
### W. Pichlmann.

(Nachdruck verboten.)

Schon die berühmten Feldherren des Alterthums huldigten dem Grundsatz, daß man zur List greifen müsse, wenn man mit Gewalt nicht durchkomme, und so ist es bis heute geblieben. Die Kunst des Strategen besteht vor Allem darin, die Dispositionen des Gegners zu erkennen und zu durchschauen und ihn über die eigenen nach Möglichkeit zu täuschen. Im Mittelalter war diese „Kriegskunst" in Deutschland weiter vorgeschritten, als in allen anderen Kulturländern, deutsche Söldner schlugen sich im

## Von W. Piehlmann.

Dienste fremder Fürsten auf allen Schlachtfeldern, deutsche Heerführer kommandirten fast überall fremde Heere und verschafften ihnen den Sieg, kein Wunder also, wenn gerade in jener Zeit, in welcher auch Deutschland selbst beständige innere Kriege führte, die Kriegslisten eine große Rolle spielten.

Es gibt eine Literatur aus dem 16. und 17. Jahrhundert, welche uns gar getreulich über diese Kriegslisten berichtet, und aus dieser Literatur wollen wir den Lesern interessante Mittheilungen machen, aus denen dieselben ersehen dürften, daß besonders zwei Sachen in der mittelalterlichen Kriegskunst sehr ausgebildet waren: die Feldtelegraphie und das Nachrichten- und Spionenwesen.

Natürlich handelt es sich hier nicht um eine Feldtelegraphie in unserem Sinne, sondern um ein optisches Signalwesen, welches so sehr ausgebildet erscheint, daß man billig erstaunen muß, wie man in jener Zeit nicht schon auf eine optische Telegraphie auch für Friedenszwecke gekommen ist, welche wir in Europa erst bei Beginn des 19. Jahrhunderts eingeführt sehen.

Vor mir liegt ein Buch: „Magischer Traktat", von einem Verfasser, welcher sich das Pseudonym Jan. Hercul. da Sunte beilegt, und darin erhält man erschöpfende Auskunft, wie über die Köpfe von Feinden hinweg auf weite Entfernung Zeichen gegeben werden können. Der Verfasser nimmt immer an, es handle sich darum, in eine belagerte Stadt hinein Nachrichten gelangen zu lassen, und bezeichnet den Mann, der in der belagerten Stadt die Nachrichten empfängt, mit dem Namen Mars, den Mann außerhalb der Stadt mit dem Namen Mercurius. Natürlich müssen die beiden Korrespondenten im Einvernehmen mit einander sein und Verabredungen getroffen haben, bei großen Entfernungen ist auch die Anwendung von Fernrohren nothwendig.

Interessant ist das Zeichengeben mit der „Scheibe", bei welchem es sich um Visiren handelt. Auf einem Thurme in der belagerten Stadt stellt Mars wagerecht eine halbrunde Scheibe auf, deren Rundung nach außerhalb geht, und schlägt in der Mitte des Durchmessers einen Stift ein. Außerhalb der Festung und jenseits des feindlichen Lagers stellt Mercurius acht Steine in weiten Zwischenräumen auf, oder schlägt acht große Pfähle ein. Natürlich muß er dies so thun, daß der Feind nichts davon merkt. Diese acht Steine oder Pfähle bleiben unverrückt stehen, und Mars visirt von seinem Stift auf der Scheibe nach jedem der Merkzeichen und zieht auf der Scheibe mit Hilfe eines Lineals in der Visirrichtung jedes Merkzeichens eine gerade Linie. Es entstehen demnach acht fächerförmig von einander ausgehende Linien, welche von links nach rechts gezählt folgende Buchstaben bedeuten: 1) b und c, 2) d und g, 3) h und k, 4) a und e, 5) i und o, 6) u und l, 7) m und n, 8) r und s.

Mercurius, der Signalisirende, nimmt nun einen auffallenden Gegenstand in die Hand, z. B. einen weißen Stab, der oben eine schwarze Scheibe trägt, und deutet damit auf die einzelnen Steine und Pfähle, indem er von einem zum anderen geht. Mars visirt mit dem Lineal nach dem Merkzeichen.

Er braucht infolge deſſen nicht jedesmal auszuzählen, das wievielte Merkzeichen, von links oder rechts her gerechnet, berührt iſt, was zu ſehr viel Irrthümern Anlaß geben würde, ſondern ſieht ſofort auf der Scheibe, welche Linie vom Lineal bedeckt iſt, und kann die dort aufgezeichneten Buchſtaben ableſen und paßt auf, ob Mercurius das Merkzeichen einmal oder zweimal berührt, denn einmalige Berührung bezeichnet den erſten, zweimalige den zweiten Buchſtaben der betreffenden Viſirlinie. Auf dieſe Weiſe laſſen ſich ziemlich ſchnell Worte buchſtabiren und Mercurius hat nur nöthig, jedesmal in dem Berühren der Merkzeichen eine längere Pauſe zu machen, wenn er andeuten will, daß ein Wort zu Ende buchſtabirt iſt.

Bei Nacht iſt dieſes optiſche Telegraphiren nach Angabe des „Magiſchen Traktat" noch viel leichter, wahrſcheinlich konnte man auch auf weitere Entfernungen ſignaliſiren. Wir geben hier wörtlich eines der Signalſyſteme für die Nacht:

„Mercurius muß ſich gefaſſet machen, mit einem viereckichten oder runden Kaſten oder zur noht mit einer Thonnen oder Faß, das vornen ein Brett vorhabe, welches das Faß nett (vollſtändig) bedecke, das man geſchwindt auff und zu thun kann. Zum andern muß man des Faſſes oder Thonnen Spunt mit blech beſchlagen. Zum britten muß man zum Spunt hinein einen eyſenhacken hencken biß ungeſehr in die Mitte der Thonnen, und weil das Faß oder Thonnen ſornen offen, kann man zum vierdten an den hacken etliche Bechkräntz hängen. Ferner müssen sich Beide, Mars und Mercurius, mit Lathernlein versehen, die halb vermacht, daß einem jeden seine Lathern allein untze, und der ander gantz keinen schein davon sehe. Wann nun solches alles ordentlich verrichtet, nehmen beydes, Mars und Mercurius, für sich folgendes Täflein, das sie zuvor mit einander erwehlet:

| 1. | 2. | 3. | 4. | 5. | 6. | 7. | 8. |
|----|----|----|----|----|----|----|----|
| a. | e. | i. | o. | u. | d. | h. | m. |
| 9. | 10.| 11.| 12.| 13.| 14.| 15.| 16.|
| n. | g. | k. | l. | r. | b. | s. | c. |

Nach diesem zündet Mercurius die Bechkräntz an, machet das Thürlein am Faß (das Brett vor der Oeffnung ist gemeint) zu und wann er dem Marti folgende wort wollte zu verstehen geben:

Morgen wird ein einfall geschehen umb siben uhr vormittag

so thut Mercurius fürs m das Thürlein achtmal auff, weil über dem m die 8 steht, so fahren achtmal große Flammen rauß, welche Mars sehen und zehlen, auch darauß den Buchstaben m erlernen kann. Zum andern helt Mercurius ein wenig still, damit Mars sehe, wann ein buchstab angedeutet sey. Zum britten für das o thut Mercurius das Thürlein am Faß viermal auf, für das r dreizehnmal, fürs g zehnmal und so forthin, biß er alle buchstaben dem Marti zu verstehen geben, und Mars seine meinung richtig vernommen."

Eine noch praktischere Art war aber wohl das Signalisiren mit Fackeln, welches man auch dazu verwenden

Von W. Piehlmann. 213

konnte, um aus der belagerten Stadt Nachrichten nach außerhalb zu geben.

Man kann hier mit verschiedenen Systemen nach geschehener Verabredung, und zwar mit 10, 8, 5, 4, 3, 2 oder einer Fackel signalisiren. Diese Art des Signalisirens ist nebenbei bemerkt uralt und schon die Eroberung Troja's (1184 v. Chr. Geb.) soll durch Fackelsignale von der Küste Kleinasiens nach Griechenland hinüber gemeldet worden sein. Nehmen wir das System mit 10 Fackeln, so müssen zwei Signalisten auf verschiedene Thürme etwas von einander entfernt aufgestellt werden, im Besitz der Belagerten aber und des Vertrauten draußen, welcher die Nachricht aus der Festung empfangen soll, müssen sich folgende übereinstimmende Täfelchen befinden:

|   | 1 | 2 | 3 | 4 | 5 |
|---|---|---|---|---|---|
| 1 | a | f | l | q | w |
| 2 | b | g | m | r | x |
| 3 | c | h | n | s | y |
| 4 | d | i | o | t | z |
| 5 | e | k | p | u |   |

„Wann nun Mars dem Mercurius wolte zu entbieden:
Es ist Fried,
helt Mars eine Fackel, daß sie Mercurius sehen köune, weil e auf der ersten zeil nach der obern zahl stehet,

seinen Gesellen (d. h. auf dem Nachbarthurm) aber lässet er fünff Fackeln auffrecken, weil das e auf der fünfften und unterften zeil stehet. Wann nun Mercurius erstlich eine Fackel ersiehet, mercket er, daß Mars einen auß den fünff Buchstaben a b c d e meyne, und weil deß Martis Gesell fünff Fackeln auffgerecket, spüret er, daß das e gemeinet sey. Fürs s zehget Mars vier Fackeln, sein Gesell aber nur drey. Fürs i zehget er zwo Fackeln, sein Gesell aber vier und also forthin biß zu ende."

Wir übergehen die mannigfaltigen anderen Arten, um mittelst Lichtern aus bestimmten Schießscharten einer Festung oder mit Laternen zu signalisiren, und erwähnen nur noch der akustischen Telegraphie, die Uebermittelung von Nachrichten durch das Gehör trotz weiter Entfernungen. Hierher gehörte das Anschlagen von Glocken in bestimmten Pausen und nach verabredeter Reihenfolge, dann die Mittheilungen durch Hammerschläge auf den Amboß. Solche hört man sehr weit, und wenn man ein Alphabet verabredet hat, kann man durch Gruppen von Hammerschlägen sehr bequem Nachrichten z. B. aus einer belagerten Festung hinausbuchstabiren.

Ganz besonderen Scharfsinn aber verwendete man im Mittelalter darauf, geheime Botschaften auf noch anderem als dem telegraphischen Wege durch das Gesicht oder Gehör zu übermitteln. In der schlimmen Fehdezeit jener Jahrhunderte war es von großer Wichtigkeit, einander heimlich Warnungen, Mittheilungen, Hilfsversprechungen zugehen zu lassen, so daß doch kein Anderer als der richtige Empfänger davon Nachricht erhielt. Ja man durfte sogar dem Boten, den man sendete, nicht trauen, selbst wenn gar nicht anzunehmen war, daß er in die Hände des Feindes fallen würde. Es gab daher verschiedene Arten, um Nachrichten durch Boten zu befördern, ohne daß Letztere etwas von der heimlichen Nachricht wußten, die sie bei sich hatten.

Man nahm z. B. vom Schwert des Boten, ohne sein Wissen, die untere Zwinge der Scheide, das sogenannte „Ortsband" ab, steckte dort einen Zettel von sehr dünnem, sogenanntem „Jungfernpergament" hinein und befestigte die Zwinge wieder. Natürlich mußte Derjenige, zu dem der Bote ging, vorher durch Verabredung erfahren haben, wo die heimliche Nachricht zu finden sei. Die Schwerter hatten hölzerne Scheiden, die mit Leder überzogen waren. Man schrieb daher auf das Holz der neuen Scheide, bevor sie noch mit Leder überzogen war, bedeckte dann die Schrift mit dem Leder und schenkte dem Boten das Schwert zum Gebrauch und zur Vertheidigung auf der Reise. Derjenige, zu dem der Bote kam, fand dann schon Gelegenheit, das Schwert zu vertauschen oder sich auf andere Weise seiner zu bemächtigen. Die Boten, welche meist „reisige Knechte" waren, trugen außer den Schwertern auch noch Spieße oder Hellebarden. Letztere Waffen pflegen insbesondere an der Stelle, wo die Spitze auf dem Schaft befestigt ist, mit Lederriemen umwunden zu sein. Diese Lederriemen nahm man heimlich ab, schrieb die Nachricht auf die Innenseite der Riemen und befestigte dann diese wieder an der Waffe. Auch unter den Wappensiegeln wurden geheime Botschaften verborgen, ohne daß es der

Bote wußte. Fürsten, Herren, Städte und Klöster führten große Wappensiegel, welche in Siegelwachs abgedrückt an Urkunden angehängt oder direkt auf die Pergamentbriefe gesetzt wurden. Man schrieb deshalb einen harmlosen Brief, von dessen Inhalt der Bote, ebenso wie jede andere Person, Kenntniß nehmen konnte, z. B. eine Einladung zu irgend einem Feste. Auf ein Stück Jungfernpergament aber wurde mit kleinen Buchstaben die geheime Nachricht geschrieben, dann der Zettel zusammengefaltet und mit Seife bestrichen, auf eine bestimmte Stelle des Briefes gelegt und dann Siegelwachs auf ihn geträufelt, worauf in letzterem das Siegel abgedrückt werden konnte. Das Bestreichen mit Seife verhinderte, daß das Siegelwachs an dem Zettel kleben blieb.

Eine andere originelle Art, geheime Nachricht fortzubringen, führt der Verfasser wie folgt an:

„Man kann auch in einem Oelglaß einem verborgen etwas zuschicken, also: Nimb ein Schwein- oder Kälberblasen in der größe eines Glaß, das du haben magst, so oben ein eng loch, blaß die blasen auff so stark du kannst, binds oben zu, daß kein lufft herauß kann, laß trocknen und schreib darauff was du wilt mit einer Dinten, so mit Leimwasser gemacht, laß also trocknen. Nach diesem binde die blasen oben auff, daß der lufft herauß komme und du die blasen bei dem unteren theil könnest also in das Glaß schieben, daß nur der blasen loch über des Glases loch herauß fürgehe. Blaß also die blasen wieder auff, geuß Oel darein und verstopff das loch mit Wachs oder einer andern Materi, daß nichts herauß lauffe, und bind das Glaß also zu, so wird man von außen keine Schrifft spüren und nur ein bloses Oel gesehen werden. Wann nun einem solches überantwortet wird, so thut er das Glaß also auff, daß ihme die blasen nicht gar in das Glaß hinein schluffe, geuset das Oel aus und bläset die blasen wieder auff, so kann er lesen, was darauff geschrieben stehet."

Auch das Nachrichtengeben durch Spiegel war schon im Mittelalter bekannt. Merkwürdiger Weise hat man in den europäischen Heeren, besonders in den Kolonialheeren Englands und Frankreichs, in den letzten Jahren wieder eingehende Versuche gemacht, um durch Spiegel (wobei man als Vermittelungsspiegelung die Wolken zu verwenden suchte) Mittheilungen auf große Entfernungen zu geben und zu empfangen. Man scheint aber bisher keine günstigen Erfolge gehabt zu haben.

Der Verfasser des „Magischen Traktats" behauptet dagegen, ein Mönch habe eine Konstruktion von drei Spiegeln erfunden, mit welcher man bei Vollmond Alles sehen köune, was auf der vom Monde beschienenen Erdhalbkugel vorgehe. Man könne mit diesen Spiegeln „bey dem Mondschein in Konstantinopel lesen, was zu Lunden in Engeland geschrieben". Er beschreibt auch genau die Auffstellung und Konstruktion dieser Spiegel nach den Angaben des erfinderischen Mönches, setzt aber dann hinzu: „Die größeste Mühe aber ist, daß man das ort finde, dahin man zu sehen begeret, wie offt einer in 3 und 4 Tagen das Ort nicht finden können und vielleicht kann man's gar nicht finden."

Das Letztere wollen wir dem guten Manne gerne glauben.

Eines der interessantesten Botschaftengeheimnisse des Mittelalters ist die Uebermittelung von Nachrichten durch einen Faden. Bei Anwendung dieses geheimen Systems ist es nothwendig, daß die beiden Korrespondenten zwei gleichförmige Brettchen besitzen, welche einige Zoll lang, schmal und an den Langseiten mit 24 Einkerbungen in unregelmäßigen Abständen versehen sind. Jede Einkerbung bedeutet einen verabredeten, bestimmten Buchstaben. Derjenige nun, der eine Nachricht übermitteln will, nimmt einen langen, weißen Faden und legt das Ende an die untere, linke Ecke des eingekerbten Brettchens. An dieser Stelle des Fadens, wo derselbe die Ecke berührt, macht er einen Knoten, damit sein Korrespondent ein Merkzeichen für den Anfang habe. Jetzt wickelt er den Faden so um das Brettchen herum, daß derselbe immer in diejenige Einkerbung kommt, deren Buchstaben er bezeichnen soll, und jedesmal erhält der Faden an der Stelle, wo er die Einkerbung berührt, mit Tinte einen schwarzen Strich. Auf diese Weise wird das Brettchen vollständig bewickelt, oder es kann derselbe Faden noch einmal aufgewickelt und die betreffenden Striche mit rother Tinte gemacht werden. Erhält der Adressat diesen Faden, so nimmt er sein Brettchen zur Hand, sieht nach, wo der Knoten am Anfang des Fadens ist, und wickelt ihn auf das Brettchen auf, indem er probirt, in welche Einkerbungen (d. h. in welche Buchstaben) die mit Strichen versehenen Stellen des Fadens passen. Auf diese Weise buchstabirt er sich die einzelnen Wörter der Nachricht zusammen. Wer nicht im Besitz des korrespondirenden Brettchens ist, kann von dem Faden nichts ablesen.

Damit aber der Besitz eines solchen Fadens, wenn der Bote in Feindeshand fiel, nicht Verdacht erwecken oder dem Boten Schaden und den Tod bringen konnte, hatte man ein schlaues Mittel ersonnen. Es wurde in die Schale einer kleinen Haselnuß ein feines Loch gebohrt und durch dieses der Kern entfernt. Dann wurde durch dasselbe Loch der Faden in das hohle Innere der Hasel= nuß gebracht, die Oeffnung mit einem kleinen Pflock ver= schlossen und die Haselnuß dann dem Boten übergeben. Kam dieser nun in Gefahr, so verschluckte er die Nuß, kam er glücklich an sein Ziel, so konnte er dieselbe auf natürlichem Wege wieder von sich geben und der Schale den Faden mit der Nachricht entnehmen.

Man konnte indeß auch mit dem Faden Nachrichten geben, ohne daß die zwei gleichmäßig eingekerbten Brett= chen vorhanden waren. Man machte dann an den Anfang des Fadens zwei etwas von einander entfernte Knoten, und der Empfänger trug nun den Zwischenraum zwischen den beiden Knoten fünfundzwanzigmal auf eine gerade Linie auf, die er z. B. auf einen Tisch gezogen hatte. Es waren dann die fünfundzwanzig Buchstaben des Alpha= bets bezeichnet, und er maß nun mit dem Faden, der natürlich wieder mit schwarzen Strichen versehen war, die Buchstaben auf der betreffenden Linie ab. Wenn ein be= sonderes Alphabet verabredet war, welches eine andere Auf= einanderfolge der Buchstaben hatte, als das gewöhnliche, so war natürlich auch das Geheimniß in diesem Falle gesichert.

# Die Frau im Verbrechen.

## Kriminalistische Betrachtung
### von
### A. Oskar Klaußmann.

(Nachdruck verboten.)

Die Bedeutung der Frau für Staat und Familie, ihre wichtige Stellung im gesellschaftlichen und sozialen Leben ist eine so hervorragende, daß man sich unwillkürlich fragen muß, welchen Antheil hat denn die Frau auch an denjenigen Handlungen, die eine Schädigung der Gesellschaft in sich schließen? Welchen Antheil hat sie am Verbrechen?

Die Beantwortung dieser Frage ist eine so hochwichtige, daß man sich sehr wohl darüber wundern muß, daß man bisher noch nicht daran gedacht hat, diese Beantwortung in einer erschöpfenden Weise zu geben. Freilich ist diese Beantwortung an und für sich außerordentlich schwer, weil sich der Antheil, den gerade die Frauen an fast sämmtlichen Handlungen des öffentlichen und privaten Lebens nehmen, weniger auf eine aktive Theilnahme, als auf einen anspornenden oder abwehrenden Einfluß bezieht. Ja, wenn nur theoretisch festgestellt werden sollte, wie viel nach statistischen Daten die Frau mehr oder weniger

Verbrechen begeht, als der Mann, so ist diese Antwort leicht zu geben, denn der Durchschnitt aller statistischen Zahlen ergibt, daß auf fünf männliche Verbrecher erst eine weibliche Verbrecherin kommt, d. h. die Anlage und Veranlassung zum Verbrechen ist beim Weibe um fünfmal weniger vorhanden, als beim Manne, ebenso wie auch — was hier gleich erwähnt werden mag — bei den Frauen die Neigung zum Selbstmord dreimal geringer ist, als beim Manne. Es kommt nämlich auf drei männliche Selbstmörder nur ein weiblicher.

Die Kriminalität der Frauen verhält sich demnach im Durchschnitt zu derjenigen der Männer etwa wie 5 zu 1; in den verschiedenen Ländern ist sie schwankend, und es kommen z. B. auf 100 männliche Verbrecher in Großbritannien 21 weibliche, in Dänemark und Norwegen 20, in Holland 19, in Belgien 18, in Frankreich 17, in Oesterreich 17, in Deutschland 15, in den deutsch-russischen Ländern 14, im eigentlichen Rußland 9. Die Statistik lehrt uns auch, daß ebenso wie bei den Männern, auch bei den Frauen die Zahl der Unverheiratheten unter den Verbrechern bedeutend größer ist, als die der Verheiratheten; die isolirte Stellung der Frau wirkt also stets sehr ungünstig auf dieselbe ein. Die Statistik der preußischen Kriminalgefängnisse giebt z. B. in Prozenten an, daß die Kriminalität des Weibes ergebe beim verheiratheten 13 bis 14 Prozent, beim unverheiratheten 16 Prozent, bei dem geschiedenen 31 Prozent.

Wir ersehen schon aus dieser Statistik, wenn wir uns die Mühe geben, aus ihren trockenen Zahlen nur etwas herauszulesen, daß allerdings für die Frau eine gewisse Gefahr vorhanden ist, eher dem Verbrechen zu verfallen, wenn sie allein in der Welt dasteht, als wenn sie durch das Herz an gewisse Interessen gebunden ist. Wir ersehen, daß, wo kein bindendes Interesse vorhanden ist, daß da die Gefahr des Verbrechens eine doppelte und dreifache wird.

Dieses psychologische Motiv ist für die Beurtheilung der Weiber-Kriminalität außerordentlich wichtig. Es zeigt uns, wie das Weib viel leichter vergißt, was Ehre, Pflicht und Gesetz heißt, wenn es allein dasteht, wenn es sich um Niemanden zu kümmern braucht, der seinem Herzen nahe steht.

Trotz alledem wäre das statistische Ergebniß, wonach die Weiber-Kriminalität fünfmal geringer ist als die der Männer, ein sehr günstiges zu nennen, wenn nicht gewisse Rücksichten bei der Beurtheilung dieser Zahlen in Betracht gezogen werden müßten. Der größte Moralstatistiker, den wir in haben, Professor Alexander v. Oettingen, äußert sich gerade über dieses statistische Ergebniß, wie folgt: „Bei der Entscheidung der vielfach aufgeworfenen Frage, ob die geringere Betheiligung der Weiber ein Beweis ihrer sittlich höheren Entwickelung und Reinheit ist, muß auf Zweierlei Rücksicht genommen werden, was nicht für Bejahung derselben spricht. Ich gehe hier nicht auf psychologische Momente ein, wie die, daß das Weib oft der intellektuelle Miturheber der Verbrechen des Mannes ist, ohne die physische Kraft oder die äußere Gelegenheit, ja man könnte sagen, den Muth zur Ausführung desselben zu haben. Ich will mich hier nur auf Statistisches berufen. Erstens erscheint das Weib bei manchen besonders grauenhaften Verbrechen relativ sehr stark betheiligt, so beim Verwandtenmord und der Vergiftung, des Kindesmordes gar nicht zu gedenken. Nicht blos die relative Betheiligung bei den prämeditirten, nicht mit physischer Gewalt auszuübenden Verbrechen der Bosheit ist eine weit größere, als nach dem allgemeinen Durchschnitt der Weiberbetheiligung, sondern bei den Vergiftungen hält sich die Zahl der Männer und Frauen fast die Wage, so daß die Wahrscheinlichkeit, durch einen Mann oder durch eine Frau vergiftet zu werden, beinahe gleich ist, während die Wahrscheinlichkeit, von einem Mann oder einer Frau irgend einen schweren Angriff auf Leben und Gesundheit, Ehre und Eigenthum zu erleiden, sich wie 6:1 verhält. Das ist nicht blos in Preußen, sondern nach Guebry genau ebenso in Frankreich der Fall. In England ist die verbrecherische Neigung des weiblichen Geschlechtes von Jugend auf eine intensivere, als irgendwo sonst. Am stärksten unter den allgemeinen schwurgerichtlichen Reaten daselbst erscheint die Theilnahme der Weiber an den Fälschungen, am schwächsten an den Eigenthumsverletzungen mit Gewalt oder aus Bosheit. Und bei dem starken Prozentsatz der ganz jugendlichen Verbrecher in England werden wir an das wahre Wort Valentini's erinnert: „Das weibliche Geschlecht ist von überwiegendem Einfluß auf die Erziehung der Kinder. Je unmoralischer und sittenloser das Weib, desto schlechter wird die Erziehung der Kinder sein, desto leichter werden jene dem Verbrechen anheimfallen."

Aber England gerade weist uns hin auf den zweiten Punkt der für die weibliche Kriminalität von Bedeutung ist und nicht gerade als ein günstiges Symptom erscheint. Ich meine die furchtbare Zähigkeit der Weiber im Verbrechen. Während sonst der weibliche Antheil an der Kriminalität in England gegen 21 Prozent ausmacht, fanden sich unter den Individuen, die angeklagt waren und sich bisher wenigstens bürgerlich eines guten Rufes erfreuten, nur 11,8 Prozent unbescholtene Weiber gegenüber 88,2 Prozent Männern von derselben Kategorie. Daher auch unter den Rückfälligen immer das Verhältniß der Weiber ein ungünstiges ist. Es betrug z. B. der Antheil der Weiber bei den in den preußischen Kriminalgefängnissen erstmalig Retinirten nur 16 Prozent, bei den zum ersten Male Rückfälligen 17 Prozent, zum zweiten bis fünften Male 18 bis 19 Prozent, zum sechsten Male 24 Prozent, zum siebenten Male und mehr gegen 30 Prozent aller Verurtheilten. Ja in Sachsen hat sich herausgestellt, daß nicht blos die Zahl der rückfälligen Verbrecherinnen von 1840 bis 1859 alljährlich konstant sich vermehrte, sondern daß die Weiber bei der Rubrik „fünfmal rückfällig" so sehr vorzuwalten begannen, daß sie die Zahl der in diese Kategorie gehörigen Männer absolut überstiegen, obgleich sonst, im Allgemeinen betrachtet, in Sachsen die Männerbetheiligung in relativem Wachsthum begriffen war."

Gehen wir nunmehr nach dieser theoretischen Betrachtung zur Praxis über, d. h. sehen wir zu, wie sich die Frau aktiv am Verbrechen betheiligt.

Wie bereits erwähnt, betheiligt sich die Frau selten an dem schwersten aller Verbrechen, am Morde, wenigstens nicht an dem Morde, der mit äußerer Gewalt verübt wird. Dagegen ist die Giftmischerei ein Verbrechen, dessen sich die Frauen oft schuldig machen. Außerdem ist das Weib aber wohl im Stande, zu einer blutigen That zu schreiten, wenn es sich in einem besonderen Affekt, in einer besonderen Aufregung befindet.

Wenn wir ferner die gewaltsamen Verbrechen betrachten, die nicht gegen das Leben, sondern gegen das Eigenthum der Mitbürger gerichtet sind, so finden wir hier aktiv nur höchst selten Frauen betheiligt. Unter den Einbrechern sind ausnahmslos Männer vertreten, und die ganze preußische Kriminalistik hat nur eine einzige Einbrecherin aufzuweisen, welche in den fünfziger Jahren in Berlin „arbeitete" und der man noch heute nachsagt, daß sie ganz besonders „saubere Arbeit" zu liefern verstand. Solche Erscheinungen aber sind außerordentlich selten. Die Thätigkeit der Frauen auf verbrecherischem Gebiete, ihre aktive Theilnahme, beginnt vielmehr erst beim Diebstahl ohne Gewalt, d. h. bei dem Zufallsdiebstahl, beim Taschen- und Ladendiebstahl.

Beim Diebstahl ist die Frau leider sehr oft die beste Gehilfin des Mannes. Sie zeigt sich klüger, gewandter und verschmitzter als er, und für den Taschendiebstahl z. B. hat sie eine weit leichtere Hand, als der Mann und kann infolge dessen um so gewandter und sicherer „arbeiten".

Um zu zeigen, welcher Klugheit und welcher Leistungen auf verbrecherischem Gebiete eine Frau fähig ist, mag in den folgenden Zeilen ein Auszug aus einem kriminalistischen Werke \*) gebracht werden, der sich auf eine Verbrecherin Namens Henriette oder Jette L. bezieht. Dieser Bericht stammt aus dem Jahre 1842 und lautet:

„Henriette oder Jette L. ist 34 Jahre alt, 4 Fuß 7 Zoll groß, von kleiner, schlanker Statur, hat ein kleines, ovales, blühendes Gesicht, freie Stirn, braunes Haar, blonde und schwache Augenbrauen, große und lebhafte dunkelblaue Augen, kleine Nase, kleinen Mund, vollständige, große und weiße Zähne. Auf der linken Wange, in der Nähe der Nase, hat sie eine kleine Warze.

Sie ist eine äußerst durchtriebene und verschmitzte Person, was sich auch unverkennbar in ihren Gesichtszügen ausdrückt. Ausnehmend freundlich und gesprächig, versteht sie die Leute beim ersten Begegnen sofort für sich einzunehmen. Von einem vortheilhaften Aeußern begünstigt, windet sie sich, einer hübschen Schlange gleich, durch alle Verlegenheiten hindurch und weiß besonders die Schwächen der Menschen mit einem Scharfsinn herauszufinden, der dem erfahrensten Psychologen Ehre machen würde. Sie wußte namentlich öfters durch ihre Schlauheit, durch ihre Larve und durch Gold zum Vortheile ihrer Verwandten zu wirken, wenn diese verhaftet oder verfolgt waren, und selbst mancher Beamter, der nicht unerschütterlich in seiner Pflicht war, ist ein Opfer der Verführungskünste dieses kleinen Teufels geworden. — Ihrem Gaunergewerbe nach ist sie Schottenfellerin (Ladendiebin).

---

\*) Thiele, „Die Gauner in Deutschland."

Jette L. ist die Frau von Jakob L., eine Tochter von A. Schm. Ihr Bruder ist Moritz Schm.; durch Unterbringung gestohlenen Gutes u. s. w. hat sie besonders thätig an den Diebstählen ihres Vaters Theil genommen. Sonderbar genug hat sie ihren schlechten Ruf zu einträglichen Betrügereien benutzt. Was sie verkaufte, davon wußte Jeder schon im Voraus, daß es gestohlen sei. Gleichwohl kaufte man gern von ihr, weil man da meist um billigen Preis zu werthvollen Sachen gelangte. Darauf spekulirend, beschäftigte sie sich eine ganze Zeit lang damit, neusilberne Gegenstände für echte silberne zu verkaufen, wobei sie eine hübsche Summe Geldes verdiente und noch dazu unbestraft blieb; denn die geprellten Käufer hüteten sich wohl, von der Sache etwas bei der Behörde anzuzeigen, weil sie in der Meinung standen, gestohlenes Gut gekauft zu haben. Erst in der L.'schen Untersuchung kamen mehrere solcher Fälle zur Sprache, weshalb sie, sowie wegen Diebshehlerei, mit dreimonatiger Strafarbeit belegt ward.

1833 wurde sie mit ihrer Schwiegermutter Therese L., sowie mit ihren Schwägern wegen Marktdiebstahls in Frankfurt a. O. verhaftet und zu dreimonatiger Zuchthausstrafe verurtheilt, die sie in der Strafanstalt zu Rawicz verbüßt hat. 1835 stand sie wegen Betrugs und Bestechung eines Richters beim Inquisitoriat zu Fraustadt in Untersuchung und wurde zu vier Wochen Einsperrung verurtheilt.

Ihr Vater hatte in der Nacht zum 27. April 1828 die Blutegelhändler Gebrüder Gobion aus Frankreich in Rakwitz um eine bedeutende Summe in Gold bestohlen, das war ebenso allgemein bekannt, als man glaubte, daß er von diesem Diebstahl her noch eine tüchtige Chawure (verborgene Beute) irgendwo liegen habe. Dies Gerücht machte sich Jette L. in Gemeinschaft mit ihrem Bruder Moritz Schm. zu nutze, um Leichtgläubige, die nach dem Schatze lüstern waren, um bedeutende Summen zu prellen. Das französische Gold, welches sie, wie sie angaben, ohne Verdacht zu erregen nicht ausgeben konnten, sollte nämlich gewechselt, oder, besser gesagt, für etwa die Hälfte des Werthes verkauft werden. Das war für den lieben Eigennutz, der nun einmal die Menschen plagt, ein gutes Geschäft, und darum ging denn auch mehr als Einer in die Falle. Beide Geschwister kamen zwar deswegen 1838 beim Land- und Stadtgericht zu Wollstein in Untersuchung, Jette L. wurde auch in erster Instanz zu achtzehnmonatiger Strafarbeit verurtheilt, in zweiter Instanz jedoch vorläufig losgesprochen.

1839 trieb sie sich mit ihrem Schwiegervater, ihrem Schwager und ihrer Schwägerin Rosalie L. in Schlesien umher und gerieth mit ihnen wegen Schottenfellens (Laden- und Marktdiebstahls) beim Fürstenthumsgericht zu Oels in Untersuchung und Haft, aus welcher sie jedoch auf höchst verschmitzte Weise am 12. Januar 1840 zu entspringen wußte. Sie fand sich bald mit ihrem Mann zusammen, der, wegen Diebstahls vom k. Inquisitoriat zu Breslau verfolgt, sich auf flüchtigem Fuße befand, und kam mit ihm und Julius H. noch in demselben Monat zu Eilenburg in Haft. Sie zeichnete sich hier durch außerordentlich freches Lügen aus, indem sie bestritt, daß ihr

Mann schon früher in Arrest gewesen sei; auch wollte sie denselben nur unter dem Namen Joseph S. kennen. Um nach Oels zurückgeschafft zu werden, wurde sie von Eilenburg aus auf den Transport gesetzt; in Görlitz lief sie jedoch sammt ihrem Transporteur davon, weil sie auch diesem wieder von ihren vergrabenen Schätzen etwas vorgeschwindelt hatte, die sie mit ihm theilen wollte." —

Noch Bedeutenderes leisten aber oft sehr jugendliche weibliche Verbrecherinnen als Ladendiebinnen und noch mehr als Hochstaplerinnen und Betrügerinnen. Selbst ungebildete Frauen besitzen eine gewisse gesellschaftliche Gewandtheit, sie haben angeborene Anlagen, um sich beliebt, um sich angenehm zu machen, und sehr oft wissen durchaus ungebildete Frauen ein Benehmen zu heucheln, womit sie selbst ernst und kritisch denkende Männer verblenden und täuschen. So wird es z. B. immer wieder möglich, daß Betrügerinnen fast ohne jede wirkliche Bildung und vom geringsten Herkommen in der besten Gesellschaft Monate lang die Rolle von hochstehenden Damen spielen können, um in dieser Maske die unglaublichsten Betrügereien zu verüben, die gewöhnlich nicht einmal an das Tageslicht kommen, weil die Betrogenen durch die Anzeige und durch Geständnisse sich viel zu sehr kompromittiren würden.

Wo es sich um Betrug, wo es sich um die feineren Arten des Schwindels handelt, dort pflegen noch heute die weiblichen Verbrecher, die weiblichen Betrüger die größten Erfolge zu erzielen, weil sie eine angeborene Verschmitztheit und ein außerordentlich großes schauspielerisches Talent besitzen und so ihre Rolle natürlich viel besser spielen können, als Männer. Diese eben erwähnten Eigenschaften der Weiber machen sie aber auch zu den werthvollsten Helfershelferinnen und Genossinnen der männlichen Verbrecher und dadurch, wenn auch nur zu indirekten, doch gewissermaßen zu aktiven Theilnehmern am Verbrechen.

Hier ist auch der Ort, über das berühmte „cherchez la femme!" d. h. „Wo ist die Frau?" Fouché's zu sprechen, durch welches jener große Polizeimann ausdrücken wollte, daß man, sobald ein Verbrechen entdeckt sei, vor Allem nach einer Frauensperson suchen müsse, weil jedenfalls eine solche das Verbrechen veranlaßt, verschuldet und, wenn auch nicht selbst ausgeführt, so doch zu seiner Ausführung angespornt und bei derselben durch allerlei Listen geholfen habe. Dieser französische Kriminalist soll überdies nicht einmal der Erfinder dieses Wortes sein, welches vielmehr sogar bis auf Karl III. von Spanien (1759—1788) zurückgeführt wird, welcher jedesmal, wenn ihm ein Verbrechen gemeldet wurde, sofort gefragt haben soll: „Wo ist sie?"

Man kann wohl ohne jede Uebertreibung behaupten, daß es nicht einen einzigen wirklichen Verbrecher gibt, d. h. keinen Menschen, der in offenem Krieg sich mit der Gesellschaft befindet, der nicht als Helfershelferin ein Weib hätte. Meist ist es seine Geliebte und für ihn eine ganz unschätzbare Genossin, weil sie nicht nur treu an ihm hängt und ihn um keinen Preis verräth, sondern weil sie ihm auch oft mit der raffinirtesten List des Weibes ein sicheres Unterkommen bei sich selbst zu verschaffen weiß, wenn er verfolgt wird, oder indem sie Nachrichten für ihn besorgt und so die Vermittlerin zwischen ihm, dem Verfolgten, und seinen Genossen bildet und es vielleicht noch fertig bringt, die Polizei auf eine falsche Fährte zu locken.

Bei den Räuberbanden, welche im 16., 17. und 18. Jahrhundert Deutschland unsicher machten und oft ganze Länderstrecken in eine Art von Kriegszustand versetzten, befanden sich stets Frauen, welche nicht nur ebenso treue Gefährtinnen der Räuber, als auch in Wirklichkeit werthvolle Mitglieder der Banden waren. Sie leisteten Spionendienste, sie besorgten die schwierigsten Geschäfte, zu denen sich die Männer oft gar nicht eigneten, wie das Hineinwagen in Städte und Ortschaften, den Einkauf von Lebensmitteln, das Ausspioniren von guten Gelegenheiten zu Räubereien und Diebstählen, endlich das Durchbringen von Nachrichten von Bande zu Bande, oft unter den unglaublichsten Schwierigkeiten.

Allerdings kommt den Frauen bei dieser eigenthümlichen Thätigkeit der Umstand zu Gute, daß es in des Mannes Natur liegt, einer Frau viel weniger ein Verbrechen zuzutrauen, als einem Manne, und wenn sich eine verschmitzte Gaunerin nur recht harmlos zu betragen versteht, wenn sie sich zutraulich und freundlich benimmt, noch vielmehr, wenn sie sich das Ansehen einer hilflosen Person gibt und das Mitleid rege zu machen weiß, dann wird sie ihre gaunerischen Absichten stets erreichen, weil dieses Mitleid weder Mißtrauen noch irgend welchen Verdacht gegen sie aufkommen läßt.

Die Frau besitzt also natürliche Eigenschaften, welche sie ganz besonders zur Verbrecherin qualifiziren und, wenn auch nicht zur selbstständigen Ausübung von Verbrechen veranlassen, so doch ihr die Möglichkeit gewähren, eine außerordentlich wichtige Mithelferin für die männlichen Verbrecher zu sein.

Nach diesen vorstehenden Ausführungen aber wird der Leser wohl sehen, wie schwer es ist, statistisch den wirklichen Antheil der Frauen am Verbrechen bestimmt festzustellen, welcher ganz entschieden ein außerordentlich großer ist, ja sogar ein weit größerer, als man gewöhnlich glaubt und annimmt. Vielleicht kommt man auch einmal zu der Einsicht, daß die Frau, die man in rechtlicher und gesetzlicher Beziehung noch nicht als vollkommen selbstständig betrachtet, nicht nur auf das Verbrecherthum, was wir hier speziell berücksichtigten, sondern auch auf das Staatsleben, auf die Entwickelung der Gesellschaft und auf die sozialen Fragen einen viel größeren Einfluß ausübt, als man bisher angenommen hat.

# Allerlei vom Elephanten.

## Beiträge zur Thierkunde.
### Von
### Richard Fritsche.

———

(Nachdruck verboten.)

Der Mensch, als höchstentwickeltes der irdischen Lebewesen, nennt sich mit Stolz den Herrn der Erde, und leitet daraus das Recht her, über die Thiere ganz nach Gutdünken zu verfügen, sie zu tödten, zu martern, zu schinden, theils aus Eigennutz, theils aus Vergnügen, mit andern Worten, sie wie Sachen zu behandeln, die weder Bewußtsein noch Gefühl haben.

In wie weit ein solches Verfahren sowohl der Gerechtigkeit, als dem Mitleid, diesen Grundquellen aller wahren Menschlichkeit, widerspricht, soll hier unerörtert bleiben, da wir keine Abhandlung über Moralität zu schreiben beabsichtigen, daß aber der Herr der Erde da, wo ihm nicht das Gesetz die Hände bindet, oftmals nicht nur als grausamer Schlächter und Verwüster, sondern auch als blinder, gegen den eigenen Vortheil wüthender Thor handelt, zeigt uns am deutlichsten der Vernichtungskrieg, den er gegen den afrikanischen Elephanten führt.

Denn wie gering ist der Vortheil, den er aus den

Zähnen der Getödteten zieht, gegen den Nutzen, welchen er durch die Zähmung dieses außerordentlichen Thieres erlangen könnte; wie leicht wäre dieses starke und kluge Geschöpf, wenn man es, wie dies in alter Zeit vornehmlich die Karthager thaten, zu zähmen verstände, als das vorzüglichste Lastthier zu verwenden! Im tropischen Afrika kommt weder das Kameel, noch der Esel, noch Maulthier oder Pferd fort. Die Karawanen, die von der Küste in's Innere des Landes bringen, um hier im Tauschhandel für Kupfer, Eisen, Glasperlen und dergleichen Elfenbein oder Sklaven zu erhalten, bestehen hier nur aus Menschen, welche, die schwere Waare auf dem Kopfe und Rücken schleppend, bei der enormen Hitze nur des Morgens marschiren und trotz Possenreißer und lärmender Musik durchschnittlich nur zwei Meilen täglich zurücklegen können. Andere Mittel des Verkehrs sind da nicht zu haben, auch nicht vor Karren gespannte Ochsen oder Büffel oder Sänftenträger. Und trotzdem stellt man dem einzigen Thiere, das hier zum Lasttragen verwendet werden könnte, auf das Unsinnigste nach und beraubt sich so des einzigen Nutzthieres dieser Länder. Und warum? Damit wir Klaviertasten, Billardkugeln, Stockgriffe, Brochen, Kämme, Fächer, Papiermesser, Feder- und Bleistifthalter und dergleichen Gegenstände aus Elfenbein haben. Ein großer Theil des Elfenbeins, das man in den Magazinen am Themsestrand in London aufgehäuft sieht, stammt allerdings wohl von den vorgeschichtlichen sibirischen Elephanten, die dort in großer Zahl aufgefunden werden, doch ein ziemlicher Prozentsatz desjenigen, das auf den europäischen

Markt kommt, wird aus Afrika bezogen, wo eine ungeheure Anzahl der edlen und nützlichen Thiere deshalb ihr Leben lassen muß.

Die Elfenbeinhändler und Elephantenjäger, die beim Aufbruch die rothe Fahne des Islam mit dem weißen Stern und Halbmond entfalten, und diese in das Blut des Lammes tauchen, das nach allgemeinem Brauch geopfert wird, haben wohl das Verdienst, das Quellgebiet des weißen und blauen Nils durch ihre immer weiter vorgerückten Ansiedelungen erschlossen zu haben, aber sie rotten das einzige Nutzthier Centralafrika's aus, und sie haben auch den Sklavenhändlern den Weg gebahnt, die nun zu Tausenden über Kordofan und Daschur die Negerländer des Innern überschwemmen, um hier ihre grauenhaften Menschenjagden zu veranstalten, an denen auch die Elephantenjäger nur zu gern theilnehmen.

Hören wir einmal, wie es bei einer solchen Elephantenjagd zugeht.

Im Gebiete des Gazellenflusses, im Land der Niam-Niam in Mittelafrika, werden weite Flächen, welche mit Gräsern bestanden sind, die bis zu fünfzehn Fuß Höhe aufschießen und fingerdicke Stengel haben, vor dem Steppenbrande sorgsam behütet, um in dieselben die Elephantenheerden, die in der Gegend auftauchen, hinein zu treiben und hier mit Feuer und Lanze zu vernichten. Sobald Elephanten gesehen werden, lassen die Häuptlinge mit großen Holztrommeln alles Volk auf Meilen hin zusammenrufen, in kurzer Zeit sind Tausende von Schwarzen auf den Beinen, zu ihnen gesellen sich die Bewohner der Seribas, das ist der mit Palissaden umstellten Zeltdörfer, aus deuen die Diener der reichen Elfenbeinhändler mit Flinten und Schwertern hervorstürzen, mit Höllenlärm jagen sie die Elephanten in jene Grasplätze, umringen sie von allen Seiten, stecken das Gras an und drängen die Thiere, die ausbrechen wollen, mit Feuerbränden zurück, so daß diese unfehlbar elend zu Grunde gehen müssen. In Todesangst und rasender Wuth flüchten die Elephanten brüllend vor dem reißend um sich greifenden Feuer, doch jeder Ausweg ist versperrt, ein Entrinnen ist unmöglich; vom Rauch fast erstickt, von den Flammen verwundet, suchen die Weibchen ihre Jungen mit ihrem Leibe vor dem furchtbaren Element zu schützen, bedecken sie mit Gras, besprengen sie mit Wasser, das sie aus ihrem Rüssel pumpen, bis sie endlich, mit Brandwunden bedeckt, über ihnen zusammenbrechen, und der Lanzenstoß der Wilden ihrer Marter ein Ende macht. Das Fleisch fällt den Treibern zu; sie schneiden es in Streifen und braten es dann über dem Fener, worauf sie es bei großartigem Schmausfeste heißhungrig verzehren. Das Elfenbein gehört natürlich den Häuptlingen.

Viele Elephanten werden auch durch Fallen getödtet, die man auf den von den Thieren begangenen Pfaden des Waldes stellt und die zu passiren das Thier dadurch gezwungen wird, daß der Wald zu beiden Seiten des Weges durch Verhaue, Gestrüpp und künstlich versetzte Bäume undurchdringlich gemacht ist. Sobald der schwere Fuß des Elephanten den Hebel der Falle betritt, löst sich der aufgestellte Riesenstamm in der Höhe und stürzt mit solch' ungeheurer Wucht herunter, daß das Thier, das unter ihm hinwegschlüpfen will, unfehlbar zu Boden geschmettert und zerquetscht wird. Endlich werden die Elephanten in vierzig bis fünfzig Fuß tiefen Gruben gefangen, deren Oeffnung so geschickt verdeckt ist, daß das Thier die Gefahr, der es entgegen geht, unmöglich zu erkennen vermag.

Vornehmlich durch die erstgenannten Treibjagden werden nicht nur die Männchen, sondern auch die Weibchen und Jungen, von denen man kein Elfenbein gewinnt, auf unerhört grausame Weise getödtet, und das Thier so systematisch ausgerottet. Immer tiefer in's Innere des Welttheils ziehen sich die Elephanten zurück; im Bongolande, wo sie noch vor zwanzig Jahren häufig sich zeigten, kommen sie nicht mehr vor, am weißen und blauen Nil werden sie immer seltener, und bei dem grausigen Vernichtungskampfe, den der Mensch gegen das Thier führt, kann man ziemlich genau berechnen, wie lange es noch dauern kann, bis der afrikanische Elephant aus Gegenden, in denen er jetzt noch heimisch ist, gänzlich verschwunden sein wird. —

Ganz anders ist es mit dem indischen Elephanten bestellt, der dem afrikanischen an Größe und an Wildheit nachsteht, dafür aber seit alter Zeit zu den nutzbarsten Gehilfen des Menschen gehört. In Indien gilt der Elephant als Sinnbild der Weisheit, wie denn ja auch Ganesa, der Gott der Weisheit, mit einem Elephantenkopfe dargestellt wird. An den alten Felsentempeln und allen heiligen Stätten ist sein Bild in Stein gemeißelt, in Metall gegossen oder in Holz geschnitzt zu sehen. Allbekannt ist ferner, daß die sogenannten weißen Elephanten der Könige von Siam und Birma als Sinnbild des

Buddha gelten, und daher vom Volke heilig gehalten werden. Diese weißen Elephanten sind Albinos, und verdanken die lichte Färbung der Pupille des kleinen, aber seelenvollen Auges, sowie der Haare des Felles dem Mangel an Pigmentstoff. Wird ein solcher Elephant entdeckt, an dem die erwünschten Merkmale, vornehmlich die lichte Färbung der Augen, sich vorfinden, so kommt er in die Stallungen der Herrscher des Landes, der schönste der weißen Elephanten erhält den Titel „König". Die anderen Thiere erhalten nach dem Grade der Vollkommenheit, den sie erreichen, den Titel Tschau=sia, Reichsminister, Fia, Gouverneur, Xang=pralat, Wunderbarer, dann den eines Großoffiziers und anderer hoher Würdenträger des Reiches. In Bangkok, der Hauptstadt von Siam, haben die weißen Elephanten in den Gebäuden der königlichen Palaststadt ihre Häuser, über deren Eingang auf rother Tafel der Titel der Thiere verzeichnet ist.

Im wilden Zustande kommt der Elephant in Hindostan nur noch in größerer Anzahl in den Tarai, dem sumpfigen Lande, das sich südlich vom Himalaya Meilen weit erstreckt, sowie in den Bergen von Assam vor. 1874 fing man noch in den Wäldern der Ghats von Kurg und von Maisur an einem Tage 55 Elephanten, doch kommt dergleichen heute nicht mehr vor. Auch auf Ceylon nimmt die Zahl der Elephanten zusehends ab. In den fünf Jahren von 1858 bis 1862 wurden 1600 Elephanten aus Ceylon exportirt, aber von 1863 bis 1880, also in achtzehn Jahren, nur noch 1685. — Weiter nach Osten hin, wohin die Kultur Vorderindiens noch nicht gedrungen ist,

ist der wilde Elephant noch häufiger zu finden. Schon im Anamalah, das ist im Elephantengebirge, dessen Gipfel bereits in den Staaten von Cochinchina und Trawankore liegen, ist er noch zahlreich vorhanden. In den pfadlosen Wäldern und Dschangeln von Dschittagong und Arakan in Hinterindien werden alljährlich hundert und mehr Thiere gefangen. Am Flusse Khorahok, einem Nebenflusse des Menam in Siam, stößt man häufig auf Elephantenheerden von zwanzig bis fünfundzwanzig Thieren, die, wie dies ihre Gewohnheit ist, längs des Wassers hinziehen und hier, wie am weißen und blauen Nil in Afrika, die Straßenbauer des Urwaldes sind. An einigen Stellen des Menam, besonders aber in den dichten Wäldern von Laos, gibt es noch viele Elephanten. —

Im wilden Zustande liebt der Elephant das sumpfige Land und die Ströme der Wildniß, hält sich den Tag über im Walde verborgen und kommt des Nachts an den Fluß, um sich mit höchster Lust in's Wasser zu stürzen und das erquickende Bad zu nehmen. Frisches saftiges Gras und das junge Laub der Bäume sind von ihm sehr begehrt, doch fällt er auch in die Reisfelder — soweit diese nicht eingehegt sind — ein und richtet da großen Schaden an. Sonst thut er aber keinem Wesen ein Leid, auch die kleineren Thiere des Waldes haben ihn nicht zu fürchten.

Das stärkste Thier der Heerde ist ihr Haupt und Anführer bei den nächtlichen Expeditionen, dem die andern folgen. Sie gehen dabei ungemein vorsichtig zu Werke und verschwinden auf das kleinste Geräusch hin wieder im

Walde. Fremde Thiere werden in die Heerde nicht aufgenommen. Ist ein Elephant von den andern bei der Treibjagd getrennt worden, so muß er von da an ein einsames Leben führen. Diese versprengten Thiere werden melancholisch, mürrisch und heimtückisch, verwüsten die Felder, greifen sogar Menschen an und werden daher ohne Gnade geschossen, wo man sie antrifft.

Zum Einfangen der Elephanten haben zuerst die Portugiesen in Indien die Treibjagden eingeführt, worin die Holländer ihnen folgten und die nun die Engländer fortsetzen. Die Treiber umstellen das Gebiet, in dem die Elephanten sich zeigen, rücken ihnen mit Kampfgeschrei immer näher an den Leib und drängen sie endlich in von starken Palissaden umschlossene Gehege, wo sie durch Hunger und gezähmte Elephanten gebändigt werden. Letztere drängen die eingefangenen Thiere an die Bäume, an die sie dann angebunden werden, und schützen zugleich ihren Herrn gegen die Wuthausbrüche der gefesselten Gefährten. Nur sechs Monate dauert die Dressur; sobald das Thier Zuneigung zu seinem Herrn zeigt, kann es nach und nach zur Arbeit herangezogen werden. Es ist nun aber ein anderes Wesen geworden, das die verschiedensten Dienste willig verrichtet und niemals in die Wildniß zu entfliehen sucht.

Im gezähmten Zustande wird der Elephant vornehmlich zur Erhöhung des Glanzes bei den im Oriente so beliebten pomphaften Aufzügen, bei religiösen oder Volksfesten verwendet. Bei welcher Gelegenheit auch immer die Radschas, die eingeborenen Fürsten, öffentlich dem Volke sich zeigen mögen, niemals fehlen die dann mit goldumsäumter, sammetner oder seidener Schabracke prächtig aufgezäumten Elephanten, ja die Staatselephanten des Königs von Siam tragen dann sogar an den Stoßzähnen in Absätzen schwere goldene Ringe. Auch bei der Tigerjagd stolzirt der Elephant, auf dessen Rücken die Jäger Platz genommen, in der Mitte des Jagdzuges einher. Doch auch bei allen Gewerben und bei der Bestellung des Ackers leistet der Elephant vorzügliche Dienste. Elephanten helfen dem indischen Theepflanzer bei der Feldarbeit, sie transportiren aus dem Holzschlag des Gebirges die gefällten Stämme Meilen weit in die Säge, auf ihren Rücken ladet man in den Arsenalen das schwere Rohr der Kanonen, um es nach den Werkstätten zu schaffen. Und wie viel andere Geschäfte haben sie zu besorgen! Sie expediren die Waare des Kaufmanns, Petroleumfässer, Kakao, Reis, gedörrte Fische, Geschirre, nach ihrem Bestimmungsorte und bringen andere Waare wieder nach Hause zurück. Sie sind Briefträger, welche die Briefe zur nächsten Station befördern und die neue Post daselbst an sich nehmen. Sie sind Bettler für Pagoden, die ihre verschlossene Kasse vor jedem Hause klirrend schütteln, ob nicht ein Gläubiger eine milde Gabe hineinwerfen wolle. In der großen Dampfsäge zu Rangun in Birma sieht man die Elephanten inmitten des rasselnden Räderwerks und des schwirrenden Riemenzeugs und der pustenden Rauchfänge die Ballen sicher herbeitragen, sie gerade an der rechten Stelle unter die Säge bringen, die Bretter sorgsam in den Hof hinausschaffen und sie hier regelrecht verschränkt aufstellen. Auf Ceylon sind die Elephanten die Straßen- und Brückenbauer. Sie schleppen das Holz und die Steine herbei und schichten sie auf das Geschickteste am Bauplatze auf. In Birma wäre die Herbeischaffung des kostbaren Teakholzes aus den dichten Wäldern ohne die Hilfe der Elephanten eine Unmöglichkeit.

Bei der indischen Stadt Alapalli, einem der besuchtesten Häfen auf Malakka, sind die beiden Gestade der Halbinsel durch eine von Elephanten gezogene Eisenbahn mit einander verbunden. Bei den Laos am oberen Menam in Siam und am Mekhong, wo viel Handel getrieben wird, hat jedes Dorf fünfzig bis hundert Lastelephanten.

Auch im Kriege ist der Elephant ein sehr nützliches Thier. Antiochus der Große von Syrien, Hannibal und Pyrrhus stellten bekanntlich die Elephanten, deren Rücken einen von Soldaten besetzten Thurm trug, in ihren Schlachtreihen gegen die Römer auf, und mit Hannibal mußten sie über die Alpen steigen, wobei viele von ihnen zu Grunde gingen. Ihrerseits thaten die Römer das Gleiche dem Feind gegenüber, und zwar zum ersten Male gegen Philipp von Makedonien, um die berühmte Phalanx des Königs von den Elephanten durchbrechen zu lassen. In der Armee der indischen Fürsten wurden den Elephanten sogar Offiziersgrade zuerkannt. Den Engländern dienen sie heute beim Train, wo sie die Geschütze über die Berge schleppen. Stürzt dabei ein Kanonenwagen um oder rutscht ein Rohr von ihrem Rücken herab, so ruhen sie nicht, bis Alles wieder in Ordnung gebracht ist. In dieser Weise benützten die Engländer die Elephanten bei ihren Feldzügen gegen Afghanistan, im indischen Aufstand von 1857, gegen China, gegen Abessinien und in neuester Zeit gegen Birma, ja der Krieg gegen Theodor von Abessinien wäre ohne die Elephanten gar nicht möglich gewesen, da nur sie das schwere Geschütz in das Hochland schleppen konnten.

Auch als Kämpfer in der Arena mußte der Elephant sich oft gebrauchen lassen. Bei den Römern der Kaiserzeit, wo die blutigen Thierkämpfe bei dem entarteten Volke immer beliebter wurden, kämpften die Elephanten häufig mit Löwen und Bären oder mit Gladiatoren. In Baroda, der Hauptstadt eines indischen Staates, dessen Radscha wohl die Oberherrschaft Englands anerkennt, aber doch soweit seine Unabhängigkeit bewahrt hat, daß er keinen Tribut an England zahlt, gibt es noch immer am Hofe Kämpfe zwischen Elephanten und Rhinocerossen. Auch in Siam wird das friedliche Thier, wenn auch nur sehr selten, in dieser Weise noch mißbraucht, doch muß es dann einige Monate hindurch durch aufregende Mittel förmlich moralisch und geistig verdorben werden.

Endlich ist der Elephant auch Künstler, der bei seiner scheinbaren Plumpheit doch sehr geschickt ist, indem ihm sein Rüssel und dessen fingerartiger Ansatz als Arm und Hand und Werkzeug dient. Schon die Alten richteten das Thier zu allerlei staunenswerthen Kunststücken ab. So erzählt Plinius, daß die Elephanten in der römischen Arena auf einem schräg gespannten und am Boden befestigten Seile auf und ab spazierten, daß sie beim Aufmarsch im Theater einen allerdings etwas plump aus=

sehenden Tanz aufführten, daß einer sich krank stellte und auf eine Bahre sich legte, während vier andere ihn davon trugen, ja daß einer es vermochte, einen griechischen Satz auf eine Tafel zu schreiben. Auch bei uns führen ja die klugen Thiere im Cirkus noch ähnliche Kunststückchen auf.

Von der Scharfsinnigkeit des Elephanten geben eine Menge Erzählungen Zeugniß, die vielleicht manchmal etwas übertrieben sind, im Ganzen aber doch wahr sein dürften. So wird erzählt, daß ein Elephant, der, mit Holz beladen, aus dem Walde auf schmalem Pfade nach Hause ging, höflich auswich, als ihm ein Reiter begegnete, sich beiseits in die Bäume drückte, und als das Pferd sich scheute, weiter zu gehen, freundlich ermunternd sein „urmph, urmph" grunzte, bis Roß und Reiter vorüber waren. Ein anderes Thier kannte genau den Arzt, der ihm seinen verwundeten Fuß gereinigt, verbunden und geheilt hatte, und drückte immer wieder in drolligster Weise seine Freude und Dankbarkeit aus, wenn es so glücklich war, seinen Wohlthäter wiederzusehen. Als beim Uebersetzen über die Furt eines Flusses ein Mann in der Mitte des Strombettes von den Wellen ergriffen und fortgerissen wurde, stürzte sich ein Elephant, der vom Ufer aus Zeuge des Unfalls gewesen war, sofort in die Fluth, hob den Ertrinkenden mit dem Rüssel auf seinen Rücken und rettete ihn vom sicheren Tode.

Doch auch Züge von der Rachsucht des Elephanten sind allbekannt. Ein Sklave, der ein Thier öfters ohne Grund geschlagen hatte, wurde von diesem eines Tages bei passender Gelegenheit plötzlich ergriffen und in den nahen

Teich geschleudert, wo er so lange umherschwimmen mußte, bis auf seinen Hilferuf Leute herbeigekommen waren, denen es gelang, das zürnende Thier zu begütigen. Schließlich sei hier noch eine lustige Geschichte angeführt. Ein Elephant ging als der Wärter der Kinder eines Hauses mit diesen zum nahen Bache und lernte von ihnen die Kunst des Fischens. Sie befestigten ihm die Angelschnur am Rüssel, er wartete ruhig, bis der auf dem Wasser tanzende Kork zuckte, und schnellte dann wirklich unter dem Jauchzen der Kinder den an der Augel zappelnden Fisch an's Ufer.

Gedenken wir so nochmals des großen Nutzens, den der Elephant, dieser Riese der Thierwelt, dem Menschen bringt, und wie er gleich dem Hund und dem Pferd durch Gelehrigkeit und Verständniß für Alles, was den Menschen angeht, hoch über den anderen Thieren steht, so kann man kaum begreifen, daß der Mensch verhältnißmäßig geringer Vortheile wegen das edle Thier in Afrika mit unsagbarer Grausamkeit ausrottet, und kann nicht genug bedauern, daß es auch in Indien bedenklich sich verringert, und daß also voraussichtlich die Zeit kommen wird, wo es zu den ausgestorbenen Arten der Thierwelt gehören wird.

# Mannigfaltiges.

**Die öffentlichen Lustbarkeiten in Paris während der Schreckenszeit.** — Der Franzose tanzt auf einem Vulkan, über Gräbern und um die Guillotine. In den furchtbarsten Tagen der Revolution erklangen Flöten und Geigen, und die berühmten Füßchen der Pariserinnen ruhten nicht. Im Gegentheil schien mit dem zunehmenden Schrecken auch die Lust am Tanzen zu wachsen. Während die Guillotine arbeitete, fanden beständig Bälle in Trianon, in der Eremitage, sowie fast in allen Vierteln von Paris statt. In Meudon wurde gerade getanzt, als die Gefangenen aus Orleans vor dem Treppenhause der Orangerie ermordet wurden. Ihr Geschrei muß während der Musikpausen in den Saal gedrungen sein, allein das war für die entmenschten Pariser kein Grund, den Ball zu unterbrechen.

Gegen die Mitte des Jahres 1793 aber schien diese Manie plötzlich zu ermatten, ja die Lust am Tanze war so gänzlich vorbei, daß nur noch „auf höheren Befehl" Tänzer sich fanden. Diese offiziellen Bälle waren daher meist so düster, wie der Todtentanz auf den Kirchhofsfresken des Mittelalters. Die Tänzer waren größtentheils Jünglinge und Mädchen, deren Eltern noch im Gefängnisse schmachteten oder schon hingerichtet waren. Eine Einladung zu diesen Bällen abzulehnen, war indeß geradezu unmöglich, denn man setzte sich dadurch der Gefahr aus, am nächsten

Tage selbst als „verdächtig" in eines der Gefängnisse und von dort zur Guillotine geschleppt zu werden.

Eines Tages feierten die Pariser den Sieg von Fleurus mit Tänzen auf dem Bastilleplatz. Bei einer Quadrille fehlte noch ein Tänzer. Einer der Festordner wandte sich daher an einen jungen Mann, der müßig unter den Zuschauern stand, und forderte ihn auf, mit anzutreten.

„Ich kann nicht tanzen," war die Antwort.

„Das soll wohl heißen: Du willst nicht."

„Ich sage Dir: ich kann nicht."

„Dann bist Du ein Aristokrat!" schrie der Festordner. „Du verachtest die Freuden des Volkes und ärgerst Dich über unsere Siege. Vorwärts, folge mir nach der Mairie! Wir wollen sehen, wer Du bist."

Vom Pöbel unterstützt, packte er den jungen Mann und schleppte ihn nach der Mairie, wo man jedenfalls, wenn er sich nicht als guter Patriot, selbstverständlich im Sinne der Republikaner, hätte ausweisen können, kurzen Prozeß mit ihm gemacht haben würde. —

Nach dem Sturze Robespierre's trat abermals eine Reaktion ein. Die Tanzlust erwachte von Neuem. Ueberall in Paris wurden wieder Bälle arrangirt. Der erste öffentliche Ball fand bei der Einweihung von „Tivoli" statt. Unter diesem Namen nämlich wurde der prächtige Garten des Generalpächters Boutin, dem der Verkauf feuchten Tabaks den Kopf gekostet, dem Volke übergeben. Ein ähnliches Etablissement wurde in den Champs-Elisées unter dem Namen „die Gärten von Marboeuf" eingerichtet. Wenn die Tänzer fröhlich über den Rasen schwebten, dachten wohl nur wenige daran, daß an diesem Grund und Boden das Blut der früheren Besitzerin haftete. Die Marquise v. Marboeuf war nämlich lediglich deshalb guillotinirt worden, weil sie in die Umwandlung ihrer herrlichen Gartenanlagen in

Kartoffelfelder zum Besten des „souveränen Volkes" nicht hatte einwilligen wollen.

Bald waren die öffentlichen Tanzlokale nicht mehr zu zählen. Da waren Ranelagh und Vauxhall, Fraskati und der Pavillon von Hannover. Da war endlich der Prado mit einer ganz neuen Art von Musikaufführungen, den concerts miautiques oder „Miau-Konzerten".

Diese Konzerte waren jener Zeit würdig. Etliche Katzen wurden nämlich der Reihe nach in eine Art Klavier gesteckt, so daß nur der Kopf heraussah. Jede Taste des Instruments war mit einem Katzenschwanz verbunden. Wenn nun die Taste angeschlagen wurde, drang eine scharfe Spitze in den Schwanz ein, worüber das Thier natürlich einen Schmerzensschrei ausstieß. Zwar hatte man die Stimmen so gut als möglich nach der Tonleiter abgepaßt, leider war aber der Schmerz der Gequälten außer aller Berechnung und deshalb eine „harmonische" Wirkung dieses sinnreichen Instruments nicht zu erzielen.

Der tollste Einfall aber war die Verwendung des alten Kirchhofs von St. Sulpice als Balllokal. Ueber dem Gitterthor, das die Embleme der ursprünglichen Bestimmung des Ortes trug, prangte ein Transparent mit den Worten: „Bal des Zéphyrs". Auf den Grabsteinen, die man nicht entfernt hatte, ruhten die erhitzten Paare vom Tanz aus. Erst Napoleon machte diesem grauenvollen Scherze ein Ende.

Die nach dem Sturze Robespierre's zurückgekehrten und theilweise in den Besitz ihrer eingezogenen Güter wieder eingesetzten Adeligen gründeten eine geschlossene Gesellschaft zum Zwecke des Vergnügens, bei welcher nur Derjenige Mitglied werden konnte, welcher Vater oder Mutter, Bruder oder Schwester, oder mindestens Onkel oder Tante durch die Guillotine verloren hatte. Der Club wurde demzufolge „le Bal des Victimes — der Ball der Schlachtopfer", genannt. Diese Bälle fanden im Winter

1794 im erſten Stock des Hotel Richelieu ſtatt. Sämmtliche Ballgäſte waren in tiefe Trauer gekleidet, die Wände ſchwarz ausgeſchlagen, die Leuchter, Muſikinſtrumente und Geräthſchaften mit ſchwarzem Flor umwunden. Anſtatt der Verbeugung war eine Neigung des Hauptes üblich, ähnlich der des Opfers, wenn es den Kopf in die Höhlung ſchob, über welcher das Meſſer der Guillotine hing.

Die Schreckensmänner ſelbſt wollten keineswegs zurückbleiben. Sie veranſtalteten im zweiten Stock deſſelben Hauſes „die Bälle der Henker". Zu dieſen wurde man nur zugelaſſen, wenn man ſeine perſönliche Betheiligung an den Thaten der Schreckensherrſchaft nachweiſen konnte. Hier erſchienen ſämmtliche Ballgäſte in Roth, die Säle waren roth ausgeſchlagen, die Leuchter, Inſtrumente und Geräthſchaften mit rothſeidenen Bändern umwunden. Man ſollte denken, daß es zu Händeln gekommen wäre, wenn Schwarze und Rothe ſich begegneten. Aber es geſchah gerade das Gegentheil, man verbeugte ſich und knixte auf das Höflichſte und wechſelte Komplimente im prunkvollſten Revolutions-„Bruderſtyl".

Eine kleine Epiſode, die auf einem „Ball der Opfer" ſich begab, mag zum Schluß den entſetzlichen Humor dieſer Feſte kennzeichnen. Wenn während der Schreckenstage eine zur Guillotine verurtheilte Perſon nicht gefunden werden konnte, nahm man ſehr oft ſtatt ihrer irgend einen anderen Gefangenen, der ihr verwandt war oder auch nur einen ähnlich klingenden Namen hatte, ſtrich jedoch den Namen jener erſten Perſon von der Liſte und machte ihren offiziellen Tod bekannt. Dies war auch zwei Schweſtern begegnet. Beide hatten ſich den Henkern zu entziehen gewußt, da aber Beider Namen auf die Liſte der Guillotinirten kamen, wähnte jede nur ſich gerettet und die Andere todt. Auf einem „Ball der Opfer" trafen ſie zuſammen. Jubelnd ſanken ſie ſich in die Arme. Aber während ſie noch ſchluchzend ſich umfangen hielten und ſich gegenſeitig ihre Leiden und die Geschichte ihrer Rettung erzählten, trat ein Vorstandsmitglied zu ihnen. Der Tod der Schwester war für jede der beiden Schwestern der Rechtstitel gewesen, kraft dessen sie die Eintrittskarte erlangt hatte. Da nun weder die Eine noch die Andere guillotinirt worden war, so waren sie laut der Ballstatuten zur Mitgliedschaft nicht mehr berechtigt.

„Meine Damen," sagte also der Herr vom Comité, „ich muß Ihnen zu meinem größten Bedauern mittheilen, daß Sie unserem Balle nicht länger beiwohnen können."

„Es ist zwar sehr erfreulich, eine todtgeglaubte Schwester zu finden," sagte nach einer Pause die Aeltere der Damen, „aber darum auf diese schönen Bälle verzichten zu müssen, das ist doch wirklich etwas zu hart!"

Und nur sehr ungern und widerwillig verließen die beiden „Opfer" das Balllokal. Sch—t.

**Der eifersüchtige Mozart.** — Liebe macht bekanntlich erfinderisch, Liebe war und ist die Amme jedes höheren Gefühls und weckt den Genius. Daß aber auch die Eifersucht anfeuernd auf die Kraft des Geistes zu wirken vermag und einen ähnlichen Aufschwung erzielen kann, dafür bietet eine Episode aus dem Leben des größten Tonschöpfers, der vielleicht zu allen Zeiten erstanden, einen kräftigen Beleg. Auch Mozart's melodienreiche Brust blieb nicht von den Pfeilen der Liebe verschont. Eben mit der Komposition seines „Idomeneo" beschäftigt, war sein Herz in verzehrender Liebe zu der damals sehr gefeierten Sängerin Aloisia Weber (seine spätere Schwägerin, nachmals Frau des Hofschauspielers Joseph Lange) am k. k. Hofopertheater zu Wien entbrannt. Allein er wurde verschmäht. Ein Anderer ward ihm vorgezogen.

Dies wirkte so aufregend auf sein Gemüth, daß er auf Rache sann, und diese bestand darin, daß er zwei Arien voll der wunderbarsten Schönheiten, aber zugleich mit ungeheuren Schwierigkeiten überhäuft, komponirte und für die grausame Schöne bestimmte. Sie war bisher sein Geschöpf. Er hatte sie auf dem Fittig seiner Meisterschaft mit sich zur Höhe des Ruhmes emporgehoben. Nun wollte er sie fallen lassen, wollte das Werkzeug seiner Melodien verderbend gegen sie kehren. Sie sollte einsehen lernen, daß sie nichts ohne ihn war.

Allein der Meister hatte sich verrechnet. Statt mit den neuen Kompositionen Fiasko zu machen, erntete Demoiselle Weber einen beispiellosen Erfolg. Selbst der eifersüchtige Tondichter war durch diesen unerwarteten Ausgang gerührt, verzieh, resignirte, und als er ein Jahr darauf (im Mai 1781) sich bei der alten Madame Weber, Aloisia's Mutter, einquartierte, verliebte er sich in die ältere Schwester Konstanze, die er denn auch am 4. August 1782 heimführte.

Aloisia, der Mozart's Eifersucht einen Triumph bereitete, den ihr die Liebe vielleicht nicht gewährt hätte, trat 1784 eine längere Urlaubsreise an, wurde 1788 aus dem Verband des Wiener Opernhauses entlassen, 1791 (dem Sterbejahre Mozart's) daselbst neuerdings angestellt, um erst 1795, nach Scheidung ihrer unglücklichen Ehe mit dem Schauspieler Lange, Wien endgiltig zu verlassen. Zunächst wirkte sie drei Jahre in Hamburg, 1798 bis 1801 in Amsterdam, dann in Bremen und Frankfurt a. M., verließ 1808 das Theater und lebte als pensionirte k. k. Hofsängerin bis zu ihrem am 8. Juni 1839 erfolgten Tode in Salzburg. Sie liegt daselbst in einem Grabe mit ihrer Schwester Sophie, verehelichten Haibl (die jüngste der vier Schwestern Weber), auf dem St. Sebastians-Friedhofe. Kl.

**Der Fuchs als Mäusejäger.** — Reineke ist als virtuoser Mäusejäger weniger anerkannt und geachtet, wie er als Hühnerdieb beim Landmann, als Hasenliebhaber und Rehkitzbeschleicher bei dem Jäger verhaßt und verfolgt ist. Und dennoch ist sein Verdienst als Mäusejäger vom Landwirth sehr hoch anzuschlagen, wenn er auch zuweilen aus unverwahrtem Geflügelstall sich ein Huhn als Jagdrecht beilegt. Zum Beweis seiner Mäusejäger-virtuosität theile ich folgende Beobachtung mit, die ich nicht nur einmal, sondern schon öfter gemacht habe.

Auf freiem, schneebedecktem Felde trottet Reineke gemächlich und gemüthlich dahin. Jetzt setzt er sich und schaut mit vergnügten Sinnen auf den ebenen Schneeplan hin. Ein hüpfender Plagegeist scheint ihn in seiner ruhigen Erwägung, welche Richtung er auf seinem Pürschgange nehmen soll, zu stören. Er hebt ein Hinterbein und bringt den kleinen Störenfried hinter dem Ohr zur Ruhe. Dann trabt er behaglich weiter über die Schneefläche.

Auf einmal steht er still, streckt die Lunte geradeaus, und plötzlich macht er einen bogenförmigen, ziemlich hohen Sprung in die Luft, die Vorderläufe und die Schnauze auf eine bestimmte Stelle des schneebedeckten Bodens gerichtet. Der Sprung hatte jedenfalls einer Maus gegolten; er scheint sie aber nicht erwischt zu haben, denn er geht sogleich weiter. Jetzt steht er wieder still und es erfolgt derselbe gewandte Sprung. Diesmal aber hat er seine Beute richtig erhascht. Sei es nun, daß er bereits gesättigt war, oder daß er wegen seines Appetits um so größere Freude an seinem Fange hatte, item, er verspeiste den Bissen nicht sogleich, sondern machte nach Art der Katzen allerlei lustige Sprünge. Er warf den Fang mit den Vorderläufen und der Schnauze in die Höhe und sprang dann, als gälte es einen Wettkampf, mit größter Schnelligkeit darauf los. Dann legte er sich duckend in den Schnee und ließ die Maus über denselben huschen, um sie unter verschiedenen Purzelbäumen wieder einzuholen. So trieb er sein Spiel mit dem Thier, bis es schachmatt war; dann erst wurde es getödtet und verspeist.

Wunderbar ist es, wie es dem Fuchs möglich ist, auf einige Schritte Entfernung die Maus wahrzunehmen. Sehen konnte er sie nicht wegen des Schnee's. Ohne Zweifel hat ihn sein äußerst scharfer Geruch und sein feines Gehör geleitet.

Da Reineke diese Mäusejagd nicht nur zur Stillung seines Hungers, sondern oft auch lediglich zum Vergnügen betreibt, so dürfte der Landmann durch diese seine „noble Passion" sicher von manchem lästigen Nager befreit werden. F. Koch.

**Haartrachten der Römerinnen.** — Der berühmte, altrömische Dichter Ovid hat es nicht verschmäht, in eleganten Versen über die damaligen Haartrachten der schönen Römerinnen zu schreiben:

„Euer Haar sei Gegenstand eurer ganz besonderen Sorgfalt. Eure Anmuth hängt von der Geschicklichkeit eurer Hände ab; jedoch gibt es der Arten viele, jene in immer neuem Wechsel zur Geltung zu bringen. Möge eine Jede ihren Spiegel um Rath fragen! Ein längliches Gesicht erfordert, daß das Haar einfach über der Stirn getheilt werde. Ein lockerer Knoten oben auf dem Kopf, der die Ohren unbedeckt läßt, steht den runden Gesichtern besser. Die Eine wird ihr Haar auf eine Schulter fallen lassen, gleich dem Apoll, der die Lyra hält, die Andere wird es in Flechten aufstecken, wie Diana es that, wenn sie wilde Thiere verfolgte. Die Eine entzückt uns durch ihre wallenden Locken, die Andere durch eine feste Frisur, die sich glatt an die Schläfe schmiegt. Der Einen gefällt es, ihr Haar mit glänzendem Schildpatt zu zieren, der Anderen, das ihrige in die Form sanft fluthender Wellen zu bringen. Man könnte eher die Eicheln eines dicht belaubten Eichbaumes zählen, oder die Bienen von Hybla, oder die Thiere, welche die Alpen bevölkern, als die neuen Haartrachten, welche jeden Tag sich entfalten. — Es gibt viele Frauen, denen eine scheinbar nachlässige Frisur gut steht; man könnte sie für die des gestrigen Tages halten, und doch ist sie eben erst hergerichtet worden. Die Kunst soll das Zufällige nachahmen. Derartig war die liebreizende Unordnung bei Jole, als Herkules sie zum ersten Male in einer mit stürmender Hand genommenen Stadt erblickte und ausrief: „Ich liebe Dich!" So sah die Fürstin aus, welche auf dem Gestade von Naxos verlassen wurde, als Bacchus sie auf seinem Wagen entführte." C. T.

**Boucher in St. Petersburg.** — Der berühmte Violinvirtuose Boucher besaß in Gestalt und Gesichtszügen eine merkwürdige Aehnlichkeit mit dem Kaiser Napoleon I. Kurz nach der zweiten Restauration hatte er sich nach Petersburg begeben, um daselbst Konzerte zu veranstalten. Eines Abends spielte er vor einer auserlesenen Gesellschaft bei dem Fürsten Nariskin. Auch Kaiser Alexander war anwesend. Von seinem Platze aus beobachtete derselbe den Künstler längere Zeit scharf, und nachdem dieser sein Spiel beendet, schritt er auf ihn zu und bat ihn mit großer Höflichkeit, ihm eine Gefälligkeit zu erweisen und am nächsten Tage um die und die Zeit sich im Winterpalaste einfinden zu wollen. Pünktlich zur bestimmten Stunde war Boucher zur Stelle. Er wurde sogleich von einem Diener in Empfang genommen und in ein Zimmer geführt, wo er zu seiner Verwunderung auf einem Divan einen kleinen Hut ohne Tressen, einen Degen, eine Oberstenuniform der französischen Gardejäger und ein Offizierskreuz der Ehrenlegion liegen fand. Nach wenigen Augenblicken erschien Kaiser Alexander, begrüßte den Künstler freundlich und sagte: „Nun will ich Ihnen mittheilen, um was es sich handelt. Alle diese Gegenstände haben dem Kaiser Napoleon gehört und wurden in Moskau gefunden. Man hat mir von Ihrer Aehnlichkeit mit demselben erzählt, und ich finde diese fast noch auffallender, als man mir gesagt. Meine Mutter bedauert nun nichts so sehr, als daß sie Bonaparte niemals gesehen hat; wenn Sie daher die Güte haben würden, diese Sachen anzulegen, so könnte ich Sie meiner Mutter als das getreue Ebenbild unseres großen Gegners vorstellen, und sie wie ich würden Ihnen zu Dank verpflichtet sein."

Boucher war natürlich sogleich bereit, wechselte die Kleider und wurde darauf von Alexander in das Kabinet der Zarin geführt, welcher ihr Sohn wiederholt versicherte, die Täuschung schiene ihm vollkommen, und sie könnte nunmehr getrost glauben, Napoleon selber gesehen zu haben. Zw.

**Zwei Briefe von Christoph Columbus** und einen von Amerigo Vespucci, die für alle Diejenigen, welche sich mit geographischen Studien beschäftigen, von Interesse sein dürften, hat August Zeri in Rom herausgegeben. Der erste Brief des Entdeckers von Amerika trägt kein Datum und ist an „Ihre katholische Hoheit Ferdinand, König von Spanien, und an Isabella, dessen Gemahlin" gerichtet. Columbus gibt in diesem Schreiben einen ausführlichen Bericht über die Entdeckung von Hispaniola (Hayti), und der geniale Genuese zeigt sich darin nicht nur als tüchtiger Seemann, sondern auch als umsichtiger Politiker. Der zweite Brief ist am 6. Februar 1502 in Granada geschrieben worden; der Adressat ist unbekannt, doch scheint es, daß dieser Brief ebenfalls an König Ferdinand gerichtet ist. Derselbe enthält eine gedrängte Darstellung der Schifffahrtskunde. Merkwürdig ist dieser Brief deshalb, weil Columbus in demselben noch Zweifel an der sphärischen Gestalt der Erde aussprach. Der dritte Brief ist von der Hand Amerigo Vespucci's. Er ist, wie wir uns heute ausdrücken würden, eine Art „Konsularbericht". Vespucci schreibt an den Kardinal Ximenez, Erzbischof von Toledo, über die Bedeutung der neuentdeckten Länder für den spanischen Handel. Er gibt auch die Waaren an, die nach seiner Ansicht auf den Antillen raschen Absatz finden würden. R.

**Rosenkultur in China.** — Im Himmlischen Reiche widmet man der Rosenkultur ebenso viel Pflege und Sorgfalt, als in der Türkei und Persien. Die Rosengärten des Kaisers von China sollen prachtvoll sein, und derselbe durch den Gewinn des Rosenöls und Rosenwassers ganz enorme Summen jährlich in seine

Kassen fließen lassen. Nur die vornehmsten Chinesen, als da sind: die kaiserliche Familie, hohe Militärs, Mandarinen und andere Würdenträger des Reiches, dürfen diese Essenzen im Hause haben, ein gewöhnlicher Chinese würde harte Strafen erleiden, wenn sich ein Tropfen davon bei ihm vorfände. Ursprünglich kannte man nur zwei Rosensorten in China, die weiße und rothe Moosrose. Je kleiner dieselbe ist, desto größeren Werth hat sie. Ihre Blätter dienen auch als Amulet. Man hängt sie vielfach in einem Säckchen vor der Schwelle des Hauses auf und glaubt sich dann gegen jedes Unheil gefeit. — Die Rose scheint in China schon im grauen Alterthum eine große Rolle gespielt zu haben, denn in der kaiserlichen Bibliothek sollen sich an 500 Manuscripte befinden, welche ausschließlich diese Blume behandeln.

G. W—r.

**Auch eine Fürbitte.** — Ein presbyterianischer Prediger, der unter König Wilhelm III. von England in der Hofkirche zu Edinburg den öffentlichen Gottesdienst versah, brauchte folgende merkwürdige Formel am Schlusse seines Gebets: „Herr, hab' Erbarmen mit allen geistig Armen und Einfältigen, vorzüglich aber mit dem wohlweisen Stadtrath von Edinburg." E. K.

**Der tolle General.** — Als man in Gegenwart Friedrich's des Großen auf den tapferen und verdienstvollen österreichischen General Laudon zu sprechen kam, sagte der General v. S., der dem König durch taktische Fehler schon mehrfach Grund zur Unzufriedenheit gegeben hatte, Laudon sei toll.

„Ich habe nichts davon gemerkt," meinte der König mit einem Seitenblick auf den Sprecher, „aber wenn es wirklich der Fall wäre, so würde ich sehr zufrieden sein, wenn er einige meiner Generäle bisse!" —

J. D.

---

Herausgegeben, gedruckt und verlegt von Hermann Schönleins Nachfolger in Stuttgart.

CPSIA information can be obtained
at www.ICGtesting.com
Printed in the USA
BVHW040725310119
538843BV00016B/49/P

9 780365 089193